MW01701010

# DE GEBOORTE VAN RUBENS
# THE BIRTH OF RUBENS

Carl Van de Velde & Prisca Valkeneers

# DE GEBOORTE VAN RUBENS
# THE BIRTH OF RUBENS

Translated from the Dutch by Jantien Black

snoeck

CENTRUM RUBENIANUM VZW

# VOORWOORD
# FOREWORD

Dit boek wijkt af van de kunsthistorische publicaties van het Centrum Rubenianum. Het behandelt een aspect van het leven van Rubens dat niet direct zijn werken betreft, namelijk de vraag waar en wanneer hij geboren is. Aanvankelijk was het enkel de bedoeling om een aantal recente theorieën daarover te weerleggen die als ongegrond ervaren werden. Gaandeweg werd echter duidelijk dat het onderzoek interessante perspectieven opende. Nieuwe documenten konden worden aangevoerd, de lectuur en de interpretatie van de reeds bekende bronnen konden worden gecorrigeerd of verfijnd. Dat oude stellingen bevestigd werden, kwam niet als een verrassing. Zij konden met nieuwe argumenten ondersteund worden en op een aantal punten meer in detail uitgewerkt. Daarenboven heeft deze studie een aanzet gemaakt voor verder onderzoek. Zo lijkt het ogenblik gekomen om een kritische publicatie en vertaling te bezorgen van de in verschillende handschriften bewaarde *Vita Petri Pauli Rubenii,* zijn biografie van de hand van zijn neef Filips. Het onuitgegeven *pro domo* betoog van Jan Rubens, dat uiteindelijk leidde tot zijn vrijlating uit zijn arrest in Siegen, verdient de aandacht van de historici van het recht en van de filologen. De publicatie van dit boek is mogelijk gemaakt door de financiële steun aan het Centrum Rubenianum vzw door het Rubenianum Fund.

This book differs from other art-historical publications of the Centrum Rubenianum. It treats an aspect of Rubens's life that is not directly connected to his work, namely the question of when and where he was born. Initially, the intention was to counter some recent theories on this subject that were apparently groundless. However, it soon became clear that the research opened interesting perspectives. Documentary evidence was added from new sources, and known sources were read again, permitting correction and refinement of their interpretation. As might be expected, the traditional views were confirmed. Some new arguments have strengthened the original position and in several areas more detailed evidence has been found. Furthermore, the study has shown the need for further research in the future. For example, a translation and commentary of the *Vita Petri Pauli Rubenii* by his nephew Philip Rubens, which is preserved in several manuscripts. The unpublished *pro domo* petition by Jan Rubens, which eventually led to his release from Siegen, also deserves the attention of historians of law and philologists. The publication of this book was made possible by financial support granted to the Centrum Rubenianum by the Rubenianum Fund.

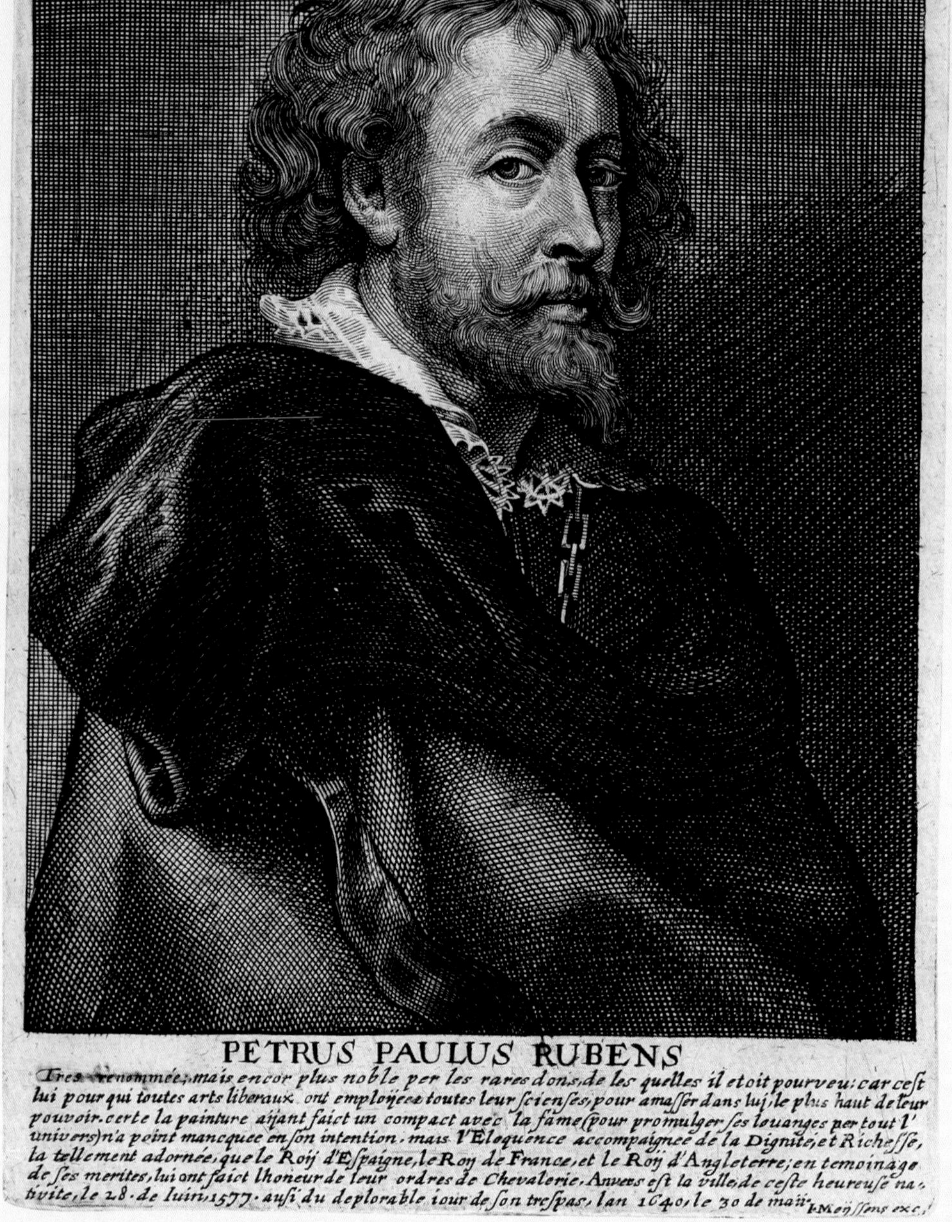


Afb. 1 J. Meyssens, *Portret van Pieter Paul Rubens.*

Fig. 1 J. Meyssens, *Portrait of Peter Paul Rubens.*

# DE GEBOORTE VAN RUBENS
# THE BIRTH OF RUBENS

De oudste beschikbare bron over de geboortedatum van Rubens is het onderschrift van een in 1649 door Jan Meyssens gepubliceerde ets van het *Portret van Pieter Paul Rubens* (afb. 1). Het geeft als geboortedatum 28 juni 1577 aan.[1] Deze datum werd overgenomen in het *Gulden Cabinet der Edelvrij Schilderconst* van Cornelis de Bie uit 1662 en in de *Vite de' Pittori* van Bellori uit 1672.[2] Het jaartal 1577 werd bevestigd in de *Vie de Rubens* van Roger de Piles uit 1677.[3] Er is ook nauwelijks twijfel over dit geboortejaar geweest bij latere auteurs.[4] Daarentegen bestond er al in de zeventiende eeuw onenigheid over zijn geboortestad. Voor Meyssens was hij in Antwerpen geboren. Roger de Piles beschikte over een andere bron van informatie, die hij betrouwbaarder achtte, de *Vita Petri Pauli Rubenii* van Filips Rubens en op grond daarvan situeerde hij Rubens' geboorte in Keulen.[5] De *Vita* verklaarde immers dat Jan Rubens, de vader van de kunstenaar, omwille van de onveilige toestand in zijn geboortestad, Antwerpen had verlaten en zich met zijn vrouw, Maria Pijpelinckx, en hun vier kinderen in Keulen was gaan

The earliest source we have that mentions Rubens's date of birth is the caption underneath the etched *Portrait of Peter Paul Rubens* (fig. 1), which was published by Jan Meyssens in 1649 and gives the date as 28 June 1577.[1] This date was taken over not long afterwards in Cornelis de Bie's *Gulden Cabinet der Edelvrij Schilderconst* (1662) and Bellori's *Vite de' Pittori* (1672).[2] Roger de Piles's *Vie de Rubens* (1677)[3] – also indicated 1577 as the year of Rubens's birth. This information seems generally to have been accepted by later authors.[4] By contrast, the question of *where* Rubens was born has been the subject of controversy since the seventeenth century. According to Meyssens, the artist was born in Antwerp, but Roger de Piles, who had access to a different source of information which he regarded as more reliable – the *Vita Petri Pauli Rubenii* by Philip Rubens – placed his birth in Cologne.[5] The *Vita* reports that Jan Rubens, the artist's father, had left his native city Antwerp because of the civil war there, and settled in Cologne with his wife, Maria Pijpelinckx, and their four children. The couple gave birth to vestigen. Zij waren daar blijven wonen tot aan de dood van Jan Rubens in 1587. In die jaren waren daar nog een drietal kinderen geboren, waaronder ook Pieter Paul. Men vindt de twee tradities terug in de literatuur: sommige auteurs opteerden voor Keulen,[6] anderen voor Antwerpen.[7]

Daarin kwam verandering door de publicatie in 1853 van een studie van de Nederlandse historicus R.C. Bakhuizen van den Brink over het huwelijk van Willem van Oranje en Anna van Saksen.[8] Hij had ontdekt dat Jan Rubens in 1570-71 een overspelige relatie had gehad met deze vrouw en dat hij ten gevolge daarvan op 9 maart 1571 gearresteerd was door Johan van Nassau, de broer van de bedrogen echtgenoot, en opgesloten in het kasteel van Dillenburg. Zijn gevangenschap daar duurde twee jaar. Pas na het betalen van een aanzienlijk losgeld kon zijn vrouw Maria Pijpelinckx bekomen dat hij uit de kerker van Dillenburg vrijgelaten werd, en in plaats daarvan een verplichte verblijfplaats toegewezen kreeg in de Westfaalse stad Siegen. De voorwaarden voor deze gedeeltelijke vrijlating waren streng. Hij mocht de stad niet verlaten en zelfs daarbinnen was hem weinig of geen vrijheid gegund. Hij mocht geen kerkdiensten bijwonen en bleef totaal uitgesloten van elk contact met de plaatselijke gemeenschap. Johan van Nassau was vooral beducht voor het schandaal dat zou ontstaan indien de affaire bekend raakte. Deze angst verklaart heel wat van de gebeurtenissen van de volgende jaren.

De vrouw en de kinderen van Jan Rubens, die tot dan in Keulen waren blijven wonen, kwamen zich in mei 1573 in

three more children, including Peter Paul, and continued to live in Cologne until Jan Rubens's death in 1587. Both accounts appear in the literature: some authors endorse the Cologne version,[6] others have opted for Antwerp.[7]

The situation changed in 1853 when the Dutch historian R.C. Bakhuizen van den Brink published a study on the marriage of William the Silent and Anna of Saxony.[8] This revealed that Jan Rubens had an adulterous affair with Anna of Saxony in 1570-71 which led to his arrest on 9 March 1571 by Johan van Nassau, who was the brother of her deceived husband, William. Jan was incarcerated at Dillenburg Castle for two years and it was only after his wife, Maria Pijpelinckx, had paid a hefty ransom, that he was released from Dillenburg and allowed to move into a fixed abode in the town of Siegen, Westphalia. The conditions of his house arrest were strict: he was expressly forbidden to leave Siegen and had little or no freedom within the city itself. Banned from attending church services, he lived in complete isolation from the local community. Johan of Nassau was above all afraid of the scandal that would erupt if the illicit affair were uncovered. It is this fear that accounts for the course of events over the following years.

In 1573 Jan Rubens was joined in Siegen by his wife and children, who had stayed behind in Cologne. The family remained in Siegen until May 1578 when the terms of the house arrest were lifted and the family moved back to Cologne. In the spring of 1589, after Jan Rubens had died, his widow returned to Antwerp with her children. Bakhuizen van den

Siegen bij hem voegen. Zij hebben in die stad gewoond tot in mei 1578. Dan werd zijn hechtenis opgeheven en trok het gezin opnieuw naar Keulen. Na de dood van Jan Rubens keerde zijn weduwe in het voorjaar van 1589 met haar kinderen naar Antwerpen terug. Bakhuizen van den Brink trok hieruit de voor de hand liggende conclusie dat Pieter Paul Rubens op 28 juni 1577 nergens anders kon geboren zijn dan in Siegen, de stad waar zijn ouders van 1573 tot 1578 hadden gewoond.[9]

Deze stelling veroorzaakte zowel in Keulen als in Antwerpen grote opschudding. Historici gingen in beide steden ijverig op zoek naar argumenten om hun oude aanspraken te rechtvaardigen. Een positief resultaat hiervan was dat archiefonderzoek een aantal nieuwe gegevens aan het licht bracht over het verblijf

Brink naturally concluded that if Peter Paul Rubens was born on 28 June 1577, it could only have been in Siegen, the town where his parents were living from 1573 to 1578.[9]

This supposition caused much turmoil in Cologne and Antwerp. In both cities historians went out of their way to bolster their claims with new arguments. One positive outcome of this was that archival research brought to light a number of new findings about the Rubens family's sojourn in Germany.[10] Some of the original arguments in favour of Cologne as his birthplace were found to be false. In 1645, for example, Egidius Gelenius had located Rubens's birth house in Cologne, but when this was checked it transpired that the address had been mixed up with that of the

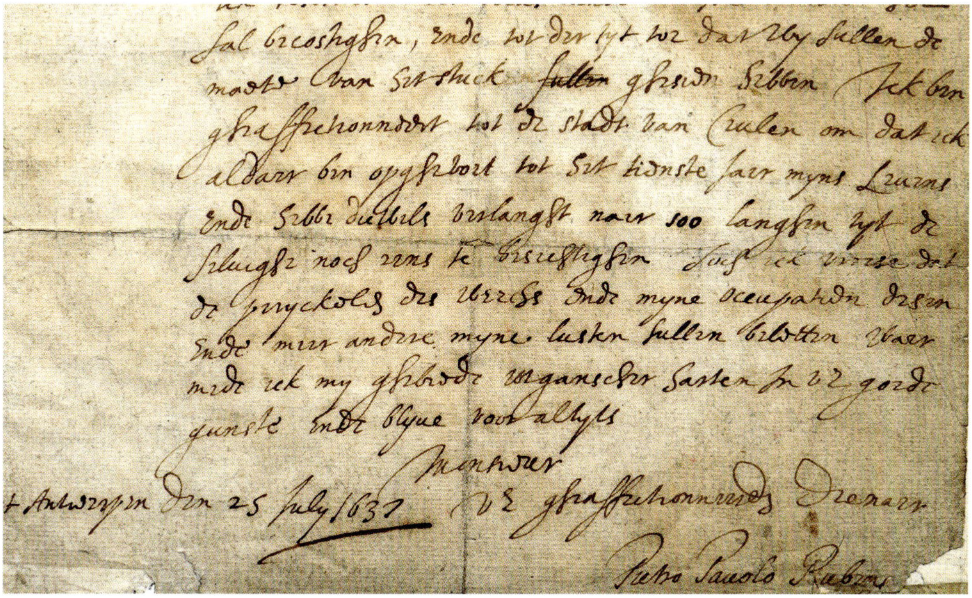
sal becoshghen, ende tot der tyt toe dat wy sullen de
maete van het stuck ~~sullen~~ ghesien hebben Ick ben
gheaffectionneert tot de stadt van Ceulen om dat ick
aldaer ben opghevoet tot het tienste jaer myns levens
ende hebbe dickwils verlanght naer soo langhen tyt de
selughe noch eens te besoecken doch ick vreese dat
de perykels des tyts ende myne occupatien deselve
ende meer andere myne lusten sullen beletten waer
mede ick my gheheel ... in u.e. goede
gunste ende blyve voor altyts
Mynheer
t Antwerpen den 25 July 1637 u.e. gheaffectionneerde dienaer
Pietro Paulo Rubens

Afb. 2 Brief van Pieter Paul Rubens aan Joris Geldorp (Appendix 25, detail).

Fig. 2 Letter from Peter Paul Rubens to Joris Geldorp (Appendix 25, detail).

van de familie Rubens in Duitsland.[10] In Keulen beriep men zich op enkele argumenten die achteraf ondeugdelijk bleken te zijn. Egidius Gelenius had in 1645 het geboortehuis van Rubens in Keulen gevonden, maar verwarde het met het huis van de familie Jabach.[11] Het grafschrift van Jan Rubens in de plaatselijke Sint-Pieterskerk beweerde dat Jan Rubens negentien jaar lang in vrede met zijn gezin in Keulen had gewoond,[12] wat door Bakhuizen van den Brink weerlegd was, en in een brief van Rubens zelf uit 1637 (afb. 2) zou hij hebben bevestigd dat hij in Keulen geboren was. Dat laatste berustte op een vervalste lectuur van het document. Rubens had helemaal niet geschreven dat hij in Keulen geboren was, enkel dat hij affectie had voor die stad omdat hij daar tot zijn tiende levensjaar opgevoed was geworden.[13] Men hield in Keulen staande dat, ook na het interneren in Siegen van haar echtgenoot, Maria Pijpelinckx een vaste woning in de stad had gehouden en dat Pieter Paul Rubens daar geboren was.[14] Deze stelling heeft niet lang stand gehouden. De woonplaatsen van Jan Rubens en Maria Pijpelinckx in Keulen zijn vrij nauwkeurig gekend.[15] Bij hun aankomst in het najaar van 1568 namen zij hun intrek in een huurhuis bij de kerk van Sint-Martinus. In 1570 verhuisden zij naar een huis in de parochie van Sint-Mauritius. Daar woonde Jan Rubens op het ogenblik dat hij gevangen werd genomen en zijn vrouw is daar aanvankelijk met haar vier kinderen blijven wonen. In een brief aan Johan van Nassau van 19 maart 1573 schrijft zij letterlijk dat zij haar huis in Keulen verlaten heeft om beter bij haar zieke man te kunnen zijn.[16] Als Jan Rubens in april 1577 toestemming vraagt aan Johan van

Jabach family.[11] The evidence brought to light by Bakhuizen van den Brink furthermore showed that although the epitaph on the tombstone of Jan Rubens in the local Church of St Peter records that Jan Rubens and his family lived peacefully in Cologne for nineteen years,[12] this simply could not be true. Finally, Rubens himself was said to have written in 1637 (fig. 2) that he was born in Cologne, but this information turned out to be based on a deliberately falsified reading of the letter in question: Rubens nowhere states that he was born in Cologne, merely that the city had a special place in his heart as he had been educated there until the age of ten.[13] The Cologne camp maintained that Maria Pijpelinckx had kept on the house in Cologne even after her husband had been released to live in Siegen, and it was in this house that she had given birth to Peter Paul Rubens.[14] This notion was soon dismissed on the basis of the fairly accurate information we have about Jan Rubens and Maria Pijpelinckx's Cologne addresses.[15] On their arrival in the autumn of 1568 they went to live into lodgings near the Church of St Martin. In 1570 they moved to a house in the parish of St Mauritius and it was here that the family were living when Jan was arrested. Initially Maria Pijpelinckx stayed on in the house with her four children. In a letter addressed to Johan of Nassau, dated 19 March 1573, she writes in so many words that she has left her house in Cologne in order to be with her ailing husband.[16] Writing to Johan of Nassau in April 1577 for permission to make a brief business trip to Cologne,[17] Jan Rubens promised not to leave the house of 'Remond' there for the two or three days of his visit. This is a reference to the

Nassau om zich voor zakelijke redenen enkele dagen naar Keulen te mogen begeven,[17] belooft hij in die twee of drie dagen het huis van 'Remond' niet te verlaten. Daarmee wordt de apotheker Raymond Reingot bedoeld, een vriend van de familie.[18] Dat toont aan dat hij niet over een eigen pied-à-terre in Keulen beschikte. Hij moest dan ook een nieuwe woonst gaan zoeken, toen hij in 1578 besloot om zich daar opnieuw te gaan vestigen.

De heftigste oppositie tegen de conclusie van Bakhuizen van den Brink kwam uit Antwerpen. Het verblijf in Siegen van het gezin Rubens kon niet ontkend worden, maar de Antwerpse historici bleven geloven dat de kunstenaar wel degelijk in de Scheldestad geboren was. Hun belangrijkste argument was dat Pieter Paul Rubens in documenten uit de tijd poorter van Antwerpen genoemd werd en dat zijn vader zijn poorterschap, en dat van zijn kinderen, verbeurd had door de stad in 1568 te verlaten. Dat leek te worden bevestigd door het feit dat zijn zoon Filips, die volgens diverse bronnen in Keulen geboren was, zich in 1609 als poorter van Antwerpen heeft laten registreren.[19] Pieter Paul, die niet in de boeken van de nieuwe poorters terug te vinden was, kon volgens de redeneringen van Génard en Van den Branden[20] dus enkel als poorter van Antwerpen erkend worden als hij in Antwerpen geboren was. Op de waarde van deze argumentatie komen wij verder terug.

De geboortedatum van 28 juni 1577 werd noch in Keulen noch in Antwerpen in twijfel getrokken. Weliswaar hadden de aanhangers van Antwerpen als geboortestad het er wat moeilijk mee,

apothecary Raymond Reingot, who was a family friend.[18] From this we can infer that Jan Rubens no longer had a pied-à-terre in Cologne. Consequently, when the family moved back to the city in 1578, he had to look for a new home.

The conclusions drawn by Bakhuizen van den Brink were most fiercely criticized by those who believed that Rubens was born in Antwerp. Even though the Rubens family had lived in Siegen, Antwerp historians remained adamant that the artist was born in their city. Their main argument was that contemporary documents referred to Peter Paul Rubens as a citizen of Antwerp and that his father had forfeited both his own and his children's rights of citizenship by leaving the city in 1568. This notion seemed to be corroborated by the fact that Jan Rubens's son Philip, who according to various sources was born in Cologne, had been registered as a citizen of Antwerp in 1609.[19] Génard and Van den Branden[20] reasoned that since Peter Paul did not appear in the registers of new citizens, he could only have been recognized as a citizen of Antwerp if he was born there. We will consider the validity of this argument shortly.

Neither Cologne nor Antwerp called into question Rubens's birthdate of 28 June 1577. It was inevitable, however, that those in Antwerp found their position undermined by the documents brought to light by Bakhuizen van den Brink which proved beyond doubt that Maria Pijpelinckx was in Siegen on 14 June 1577.[21] It seemed unlikely that she would have travelled all the way to Antwerp after this date, only days before the birth was due. To allow for this incongruity, aangezien uit de door Bakhuizen van den Brink aangehaalde documenten onweerlegbaar bleek dat Maria Pijpelinckx zich op 14 juni 1577 in Siegen bevond.[21] Het was niet erg geloofwaardig dat zij onmiddellijk daarna, in de laatste dagen van haar zwangerschap, nog naar Antwerpen gereisd zou zijn. Daarom hebben du Mortier en Génard de geboortedatum zonder verdere justificatie vooruitgeschoven naar mei 1577.[22] Daarenboven moesten er niet alleen bewijzen gezocht worden van de aanwezigheid te Antwerpen van Rubens' moeder, maar moest er ook een plausibele verklaring worden gegeven waarom zij ondanks haar zwangerschap die verre reis had ondernomen. De argumenten van de Antwerpse historici zijn reeds in 1903 afdoende weerlegd door Max Rooses. Zijn conclusie was: 'Wij schrijven dan ook zonder aarzelen als slotsom van dit onderzoek: Petrus-Paulus Rubens werd geboren te Siegen op 28 Juni 1577'.[23] Dit is sedertdien algemeen geaccepteerd, met enkele schaarse uitzonderingen, die echter geen alternatieve oplossingen naar voren hebben gebracht.[24] Volgens een recente hypothese zou Rooses zich echter vergist hebben zowel wat de datum als wat de geboortestad betreft. Rubens zou in Antwerpen geboren zijn tussen 29 augustus en 9 december 1576.[25]

Vooraleer deze hypothese beoordeeld kan worden, moet worden vastgesteld welke bronnen daarvoor ter beschikking staan. Ook moet enig inzicht worden gegeven in de historische context, die duidelijk verschillend is van die in de moderne samenleving. Een aantal instellingen die wij vandaag als vanzelfsprekend ervaren, bestonden eertijds

Mortier and Génard, without providing any evidence as justification, advanced the birth to May 1577.[22] However this still did not prove that Rubens's mother had been in Antwerp, nor was there a plausible explanation as to why she would have undertaken such a long journey late in her pregnancy. The arguments of the Antwerp historians were sufficiently put to rest by Max Rooses, who as early as 1903 stated: 'In concluding our research we can therefore write without hesitation: Peter Paul Rubens was born in Siegen on 28 June 1577'.[23] Despite a few inconclusive attempts to provide alternative solutions,[24] this has since then been widely accepted. In the recent past, however, both Rooses's conclusions about the date and place of Rubens's birth have been challenged by a new hypothesis which posits that the artist was born in Antwerp between 29 August and 9 December 1576.[25]

In order to judge the validity of this theory, we first need to establish what sources are available. It is also important to put matters into their historical context, as there are significant differences with the way records are maintained in modern society. A number of the institutions that we take for granted today, such as the Registry Office, did not exist in Rubens's day. The legislation inducing lay authorities to keep a record of births, deaths and marriages among the general population did not come into force in the Southern Netherlands until 1796, when it was introduced by the French regime. Before then, birthdates were not registered and personal identity documents did not exist. People who travelled between countries could obtain a pass that confirmed their country of oriniet, zoals de burgerlijke stand. Het optekenen door de wereldlijke overheid van de geboorte, het huwelijk en het overlijden van zijn bevolking is in de Zuidelijke Nederlanden slechts in 1796 ingevoerd door het Frans bewind. Vóór die tijd werden geboortedata niet geregistreerd, en bestonden er uiteraard ook geen persoonlijke identificatiepapieren. Reizigers konden paspoorten bekomen die hun herkomst bevestigden, maar ook die documenten bevatten geen geboortedatum. Men had ook geen dwingende redenen om zijn geboortedatum te onthouden of zelfs te kennen. De doorsnee burger had meer aandacht voor het feest van zijn patroonheilige dan voor de dag van zijn werkelijke geboorte. Behalve bij vorstelijke dynastieën beantwoordt het memoriseren van geboortedata eerder tot een intellectuele bekommernis. Vele mensen zullen zich wel bewust zijn geweest van hun leeftijd, maar slechts bij benadering van hun geboortedag. De fascinatie met de geboortedatum dateert pas van veel later. Zo is het gebruik om verjaardagen te vieren met feestjes en geschenken pas in de negentiende eeuw ontstaan.[26]

Dat betekent dat het vaststellen van de geboortedatum van een bepaald individu, *in casu* van kunstenaars, vaak moeilijk is. Indien wij geen rechtstreekse informatie over de geboortedatum van iemand bezitten, uit notities daarover van de betrokkene zelf of uit zijn omgeving, moet men een beroep doen op indirecte bronnen. De belangrijkste in dat verband zijn de doopregisters van de parochiekerken. Daarin werd de datum genoteerd van het doopsel, niet van de geboorte, maar die lag bijna steeds op dezelfde dag of zeer kort erna. Voor zover zij be-

gin but these documents made no mention of birthdates either. In contrast to today, there were no pressing reasons to remember, or even to know, on which day you were born. The average citizen cared more about the name day of the saint after whom he was named than about the day he was actually born. Memorizing birthdates, with the exception of those of royal dynasties, was regarded as a pursuit for the intellectually minded. Many people were probably aware of their age without knowing their exact birthday. The interest in actual birthdates developed much later. In fact, the tradition of celebrating one's birthday with a party and presents dates from the nineteenth century.[26]

For this reason it tends to be difficult to pinpoint the birthdate of a particular individual, or as in this case, an artist. If there is no direct information about a person's birthdate – notes left by the person themselves or by someone from their immediate circle – we have to resort to indirect sources. Of these, the most important in the present context are the registers of baptisms in parish churches. These contain the dates of christenings rather than births, but since the two events usually took place on the same day, or followed each other in quick succession, this is rarely a problem. Thus, baptismal registers are a reliable source of information for birthdates, but they are not always available.

In general it can be said that deaths are easier to date than births. This is because a person's death had immediate implications for such matters as guardianship, widowhood and the administration of the estate. We also have more

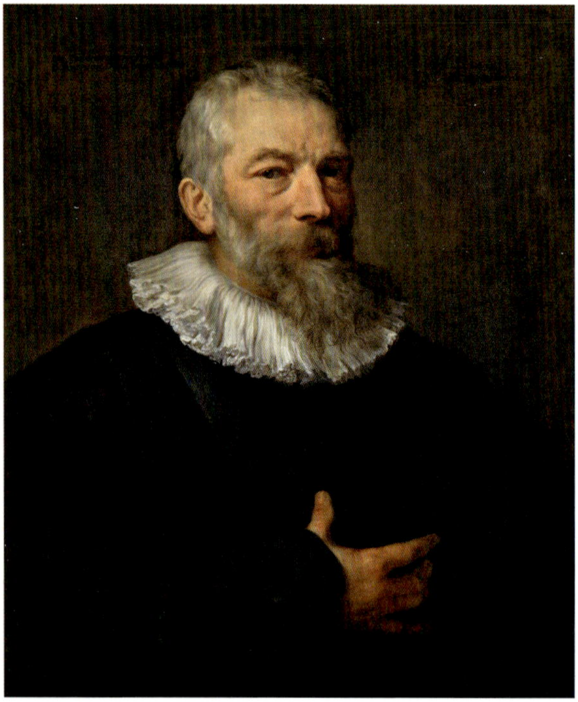

Afb. 3 A. Van Dyck,
*Portret van Maarten Pepijn*, Antwerpen,
Koninklijk Museum voor Schone Kunsten.

Fig. 3 A. Van Dyck,
*Portrait of Maarten Pepijn*, Antwerp,
Koninklijk Museum voor Schone Kunsten.

waard zijn gebleven, leveren de doopregisters dus betrouwbare gegevens over geboortedata.

Over het algemeen is het gemakkelijker om een overlijden te dateren dan een geboorte. De dood van een individu had rechtstreekse implicaties, zoals de instelling van voogdij over kinderen, het weduwschap, de verdeling van een nalatenschap. Men beschikt ook over meer bronnen: er zijn grafzerken bewaard in de kerken en heel wat funeraire inscripties van verdwenen grafstenen zijn opgetekend in albums en in necrologieen. Inventarissen van nalatenschappen vermelden vaak de datum van het overlijden van de erflater.[27] Vermeldingen van geboortedata zijn daarentegen vrij zeldzaam. Een meer voorkomend gegeven is de leeftijd van een individu. Die

sources at our disposal: besides gravestones in churches, many epitaphs of lost tombstones survive in necrologies and in albums in which enthusiasts collected inscriptions. Inventories of estates often give the date of the testator's death.[27] The documents rarely mention specific birthdates. More commonly they refer to someone's age, in order that relatives with the same name can be told apart, for instance, or to demonstrate that a person is fit to act – because he is officially of age, or because his age shows that he is someone with considerable experience. Portraits are frequently dated and tell us the age of the sitter. [28] It is important to remember, though – and this applies not just to portraits but to documents as well – that the information was usually based on a statement made by the person himself. At times the evidence can also be conflicting, as for wordt opgetekend, om diverse redenen. Soms moet hij helpen bij de onderlinge identificatie van gelijknamige familieleden; vaak ook moet hij tonen dat de genoemde persoon bekwaam was om in het document op te treden, ofwel omdat hij meerderjarig was geworden, of meer algemeen omdat zijn leeftijd borg stond voor zijn betrouwbaarheid als iemand van ervaring. Niet zelden vermelden portretten het jaartal en de leeftijd van de voorgestelde personages.[28] Daarbij moet worden opgemerkt, en dat geldt zowel voor documenten als voor portretten, dat de gegeven data meestal berusten op een verklaring van de betrokkene zelf. Soms spreken de verklaringen mekaar ook tegen. Een voorbeeld daarvan is het *Portret van Maarten Pepijn* door Van Dyck in het Koninklijk Museum voor Schone Kunsten van Antwerpen (afb. 3).[29] Het schilderij heeft de inscripties *Me Pictorem Pictor Pinxit D. Ant. Van Dyck Eques illustris* en *A° D. 1632 Aet. ME LVIII.* De aftrekking van de leeftijd, 58 jaar, van de datum van het portret, 1632, plaatst zijn geboortedatum in 1574. Maarten Pepijn is echter gedoopt in de Onze-Lieve-Vrouwekerk te Antwerpen op 21 februari 1575.[30] In 1632 was hij dus maar 57 jaar oud, tenzij men aanneemt dat hij bedoelde dat hij in zijn achtenvijftigste levensjaar was. In een document van 1 augustus 1635 verklaarde hij dan weer 62 jaar oud te zijn.[31] Dat zou zijn geboortejaar zelfs naar 1573 verplaatsen. Dit en andere voorbeelden tonen aan dat de berekening van een geboortedatum op basis van een verklaring van een leeftijd niet volkomen sluitend is, temeer daar het zelden duidelijk is of bedoeld wordt dat de betrokkene in zijn zoveelste levensjaar is, dan wel of hij of zij de aangegeven leeftijd al bereikt heeft.

example in the case of Van Dyck's *Portrait of Maarten Pepijn* in the Royal Museum of Fine Arts, Antwerp (fig. 3).[29] The painting is inscribed *Me Pictorem Pictor Pinxit D. Ant. Van Dyck Eques illustris* and *A° D. 1632 Aet. ME LVIII.* If we subtract the age, 58, from the date, 1632, we find that the sitter was born in the year 1574. However, Maarten Pepijn was baptized in the Church of Our Lady in Antwerp on 21 February 1575,[30] making him only 57 in 1632, so possibly we should take the inscription on the portrait to mean 'in my 58th year'. Strangely, in a document of 1 August 1635 Pepijn states that he is 62 years old,[31] which places his birth in the year 1573. This is just one example which shows that establishing someone's correct date of birth on the basis of a statement of age is not always foolproof. Especially as it is often ambiguous whether the person concerned was in fact in such-and-such a year of his or her life, or had already reached the age mentioned.

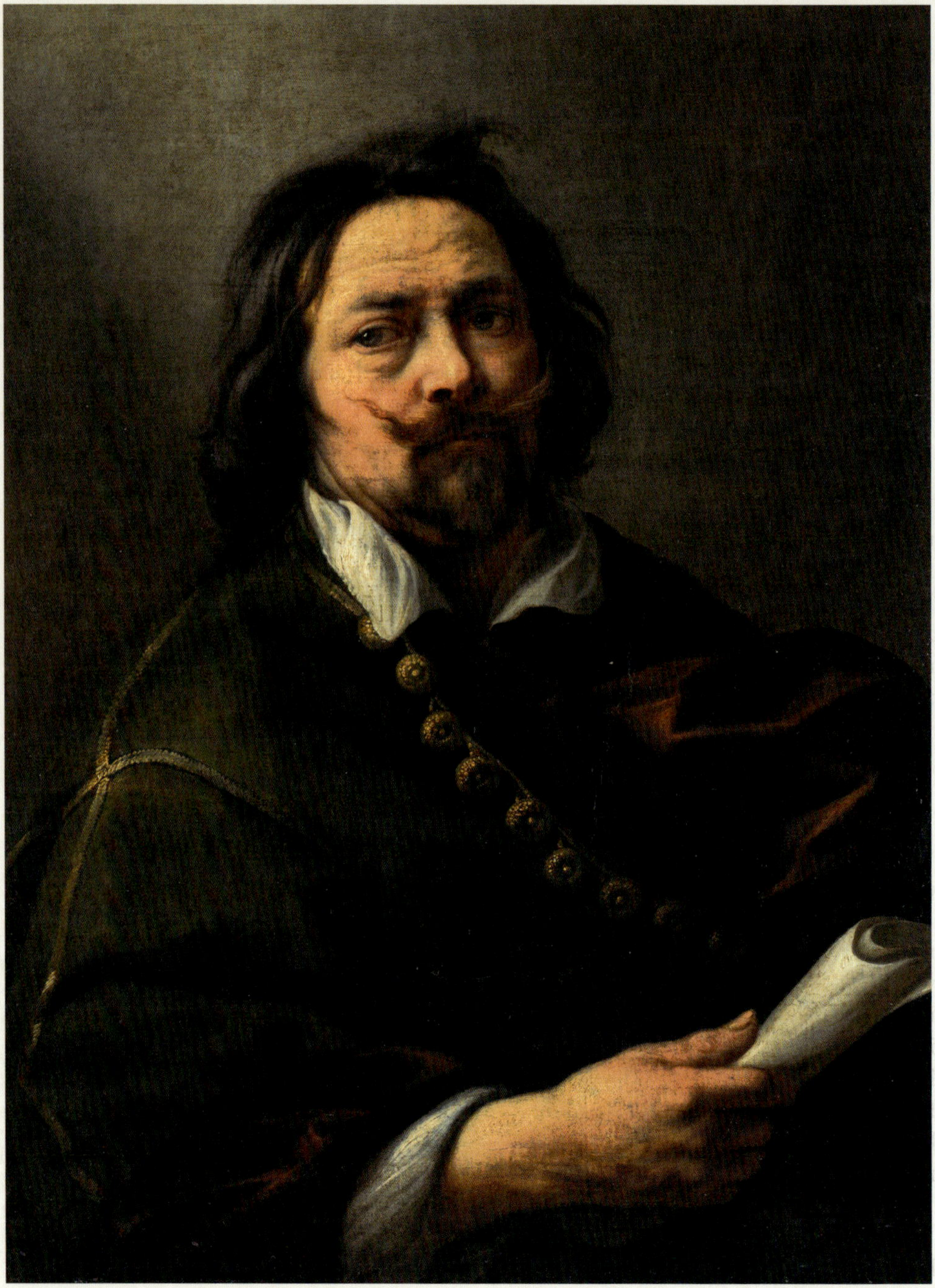

**Afb. 4** J. Jordaens, *Zelfportret,* Neuburg, Staatsgalerie.

Fig. 4 J. Jordaens, *Self-portrait,* Neuburg, Staatsgalerie.

# DE BRONNEN
# THE SOURCES

De meeste bronnen waarover men vandaag beschikt in verband met Rubens' geboorte zijn al lang bekend. Enkele belangrijke teksten zijn al in de zeventiende eeuw in druk verschenen en in brede kringen gepubliceerd. Zij zijn reeds vermeld: de beschrijving van Keulen van Egidius Gelenius uit 1645, de prentenreeks *Image de divers hommes d'esprit sublime* van Jan Meyssens uit 1649, het *Gulden Cabinet der Edelvrij Schilderconst* van Cornelis de Bie uit 1662 en de *Vie de Rubens* van Roger de Piles uit 1677. De *Vita Petri Pauli Rubenii* van zijn neef Filips, die kort voor 1676 geschreven werd,[32] is een belangrijke bron, maar zij is pas in 1837 in druk verschenen.[33] De inhoud ervan was echter reeds in 1677 bekend gemaakt door Roger de Piles. Hij had de tekst in manuscript van de auteur bekomen en had door correspondentie nog aanvullende gegevens verkregen.

Opzoekingen in diverse archieven hebben een aantal nuttige documenten opgeleverd. Die zijn grotendeels reeds in de negentiende eeuw beschreven en zelfs *in extenso* gepubliceerd. Zij zijn terug

The majority of currently available sources for the birth of Rubens have been known for a long time. A few important texts were printed as early as the seventeenth century and were published for a wide audience. These have already been mentioned: the 1645 description of Cologne by Egidius Gelenius; the series of prints, *Image de divers hommes d'esprit sublime*, published by Jan Meyssens in 1649; Cornelis de Bie's *Gulden Cabinet der Edelvrij Schilderconst* of 1661, and the *Vie de Rubens* by Roger de Piles, published in 1677. The *Vita Petri Pauli Rubenii*, written by the artist's nephew Philip shortly before 1676,[32] is an important source, but it did not appear in print until 1837.[33] However, its contents were revealed in 1677 by Roger de Piles, who had received the manuscript directly from the author, with whom he subsequently corresponded in order to clarify a number of details.

A number of useful documents have been located in various archives. Many of these were described and even published *in extenso* in the nineteenth century. They are to be found in the Royal te vinden in het Koninklijk Huisarchief in Den Haag, in het Stadsarchief van 's-Hertogenbosch, in het Hessisches Hauptstaatsarchiv in Wiesbaden, in het Felixarchief in Antwerpen, in het familiearchief van Havre en in het Rubenshuis te Antwerpen. Voor zover mogelijk werden de originele teksten of foto's van de documenten geraadpleegd. Dit heeft toegelaten enkele transcripties te verduidelijken en enkele hypotheses bij te sturen. De stukken uit het Historisches Archiv van Keulen zijn verloren gegaan, maar bekend door transcripties.[34] De door Bakhuizen van den Brink gepubliceerde archivalia in het Koninklijk Huisarchief in Den Haag zijn opnieuw onderzocht, wat tot enkele belangrijke toevoegingen geleid heeft. In de Koninklijke Bibliotheek te Brussel werden de verschillende versies van de handschriften van de *Vita Petri Pauli Rubenii* geconsulteerd.

Archives in The Hague, the Staatliches Archiv in Wiesbaden, the Stadsarchief at 's-Hertogenbosch, the Felix Archives in Antwerp, the archive of the Van Havre family, and in the Rubenshuis in Antwerp. Where possible we have gone back to the original texts, or to photographs of the documents. This has allowed us to clarify the transcripts in places and to modify some traditional assumptions. The original documents from the Historisches Archiv in Cologne were destroyed, but fortunately transcripts have survived.[34] The material from the Royal Archives in The Hague, first published by Bakhuizen van den Brink, was re-examined and this has produced a number of important additions. We have also consulted the various manuscripts of the *Vita Petri Pauli Rubenii* at the Royal Library in Brussels.

## JAN MEYSSENS EN DE *IMAGE DE DIVERS HOMMES D'ESPRIT SUBLIME*

De reeds vermelde reeks prenten van de *Image de divers hommes d'esprit sublime* werd in 1649 te Antwerpen uitgegeven door de graveur Jan Meyssens (1612-1670).[35] Zij dankt haar bekendheid allicht aan het feit dat de platen opnieuw afgedrukt werden in het veel breder verspreide *Gulden Cabinet* van Cornelis de Bie uit 1662. Misschien heeft er een originele uitgave in boekvorm door Jan Meyssens bestaan, maar daarvan is ons geen exemplaar bekend. Een aantal prentenkabinetten en bibliotheken bewaren

## JAN MEYSSENS AND THE *IMAGE DE DIVERS HOMMES D'ESPRIT SUBLIME*

As mentioned above, in 1649 the Antwerp-based engraver Jan Meyssens (1612-1670)[35] published a series of engraved portraits under the title *Image de divers hommes d'esprit sublime*. The series probably owes its fame to the fact that the plates were re-used in 1662 by Cornelis de Bie to illustrate his *Gulden Cabinet*, which enjoyed a much wider circulation. Although no extant copies have been found, it is possible that Jan Meyssens originally published the engravings in book form. A number of print rooms and librar-

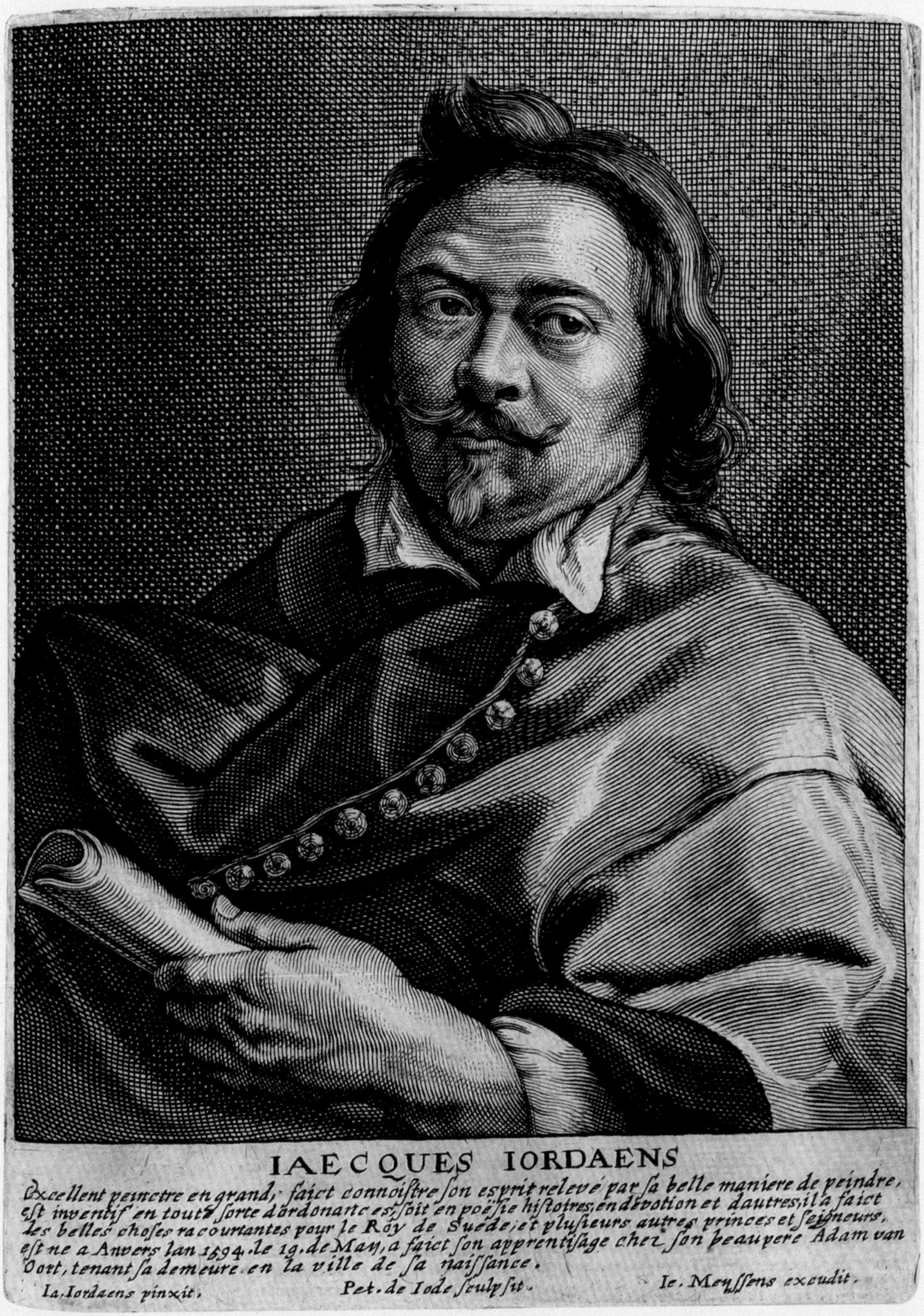


Afb. 5 P. De Jode, *Portret van Jacob Jordaens.*

Fig. 5 P. De Jode, *Portrait of Jacob Jordaens.*

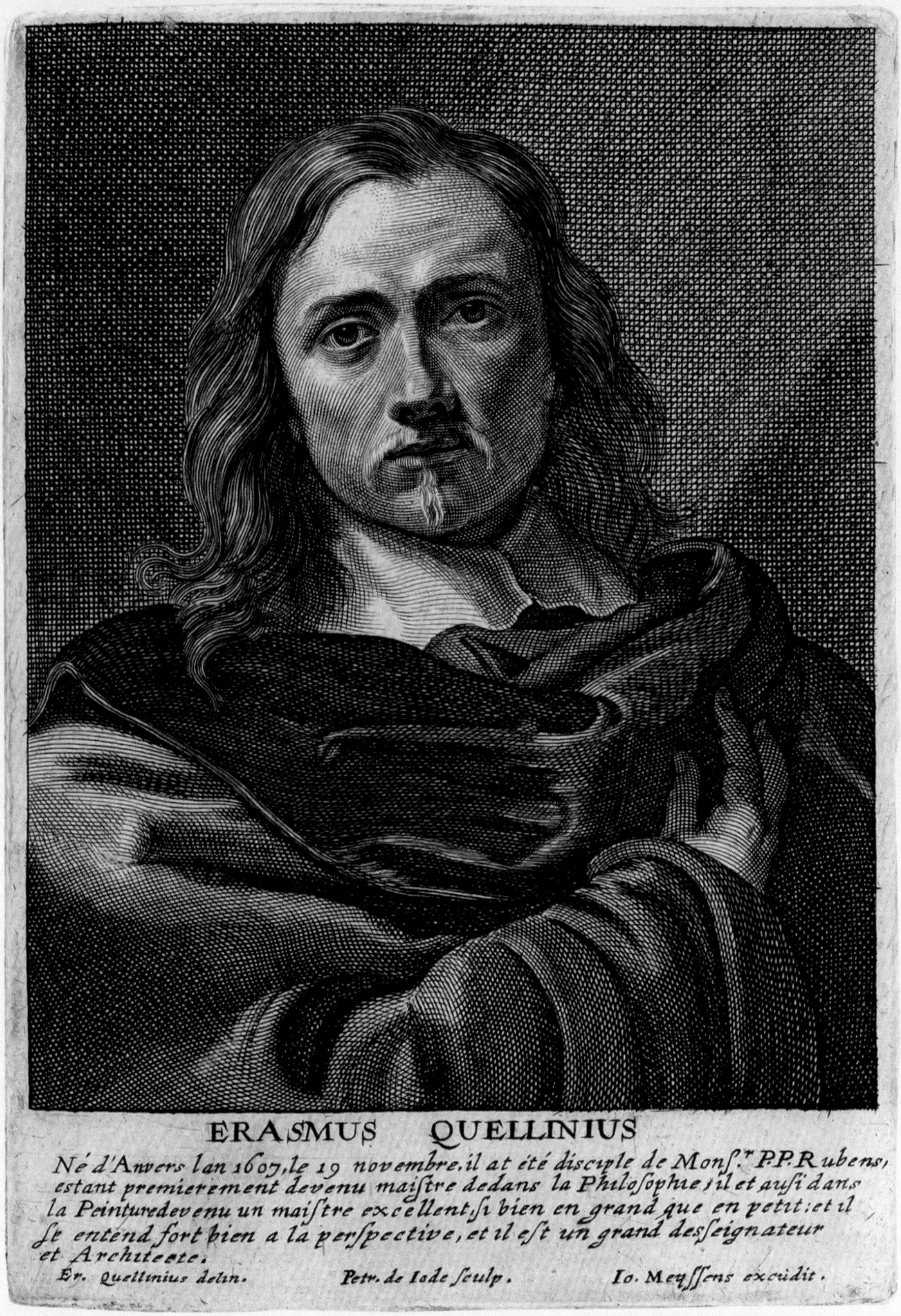


Afb. 6 P. de Jode, *Portret van Erasmus Quellin.*

Fig. 6 P. de Jode, *Portrait of Erasmus Quellin.*

nog gebonden albums van de prenten van de *Image*.[36] Deze banden zijn echter van latere datum. Het aantal prenten dat zij bevatten verschilt aanzienlijk. Zij zijn niet genummerd en hun volgorde kan onmogelijk de oorspronkelijke zijn, als die er al ooit geweest is. Verschillende van de bewaarde exemplaren bevatten de opdracht van Meyssens aan Michiel le Blon, die 12 april 1649 gedateerd is.[37] De meeste albums bevatten echter ook prenten van Meyssens die na 1649 zijn gemaakt, en sommige zelfs bladen die helemaal niets met Meyssens te maken hebben.[38]

Jan Meyssens is zich in 1640 vanuit zijn geboortestad Brussel in Antwerpen komen vestigen. Het concept en de uitvoering van de *Image* zijn pas daar tot stand gekomen,[39] waarschijnlijk ten gevolge van een gezamenlijk initiatief van Meyssens en Cornelis de Bie. Talrijke prenten hebben de signatuur van Meyssens als uitgever ('*excudit*'), sommige ook als graveur ('*fecit*'). Hij heeft in ruime mate een beroep gedaan op de inbreng van andere graveurs, zoals b.v. Pieter de Jode, Koenraad Lauwers, Jacob Neefs en Paul Pontius.[40]

De ordening van de prenten in het *Gulden Cabinet* zou kunnen een weerspiegeling zijn van de oorspronkelijke samenstelling van Meyssens' reeks. De Bies boek bestaat uit drie delen, waarvan het eerste gewijd is aan schilders die in de zeventiende eeuw overleden zijn, het tweede aan nog levende schilders, het derde aan architecten, beeldhouwers en graveurs, ongeacht of zij al dan niet nog in leven waren. Dat beweren althans de titels van de drie delen,[41] maar De Bie heeft zich niet strikt aan deze indeling gehouden. Hij

ies still have bound albums of the original *Image* portraits,[36] but it is clear that these volumes were assembled at a later date: some sets contain more engravings than others and the order of the prints, which are unnumbered, does not appear to follow any coherent pattern, if there ever was one. Several of the albums contain the dedication by Meyssens to Michiel le Blon, dated 12 April 1649;[37] many, it should be noted, however, also include engravings made by Meyssens after 1649 and some even contain sheets that have nothing whatever to do with Meyssens.[38]

Jan Meyssens moved to Antwerp from his native city of Brussels in 1640. The *Image* was conceived and executed in Antwerp,[39] in all likelihood through a joint initiative of Meyssens and Cornelis de Bie. Many of the portraits in the work bear the signature of Meyssens as the publisher ('excudit') and some also credit him as engraver ('fecit'). In addition he frequently relied on the contributions of other engravers such as Pieter de Jode, Koenraad Lauwers, Jacob Neefs and Paul Pontius.[40]

The order in which the engravings appear in the *Gulden Cabinet* may reflect the original sequence of Meyssens's series. De Bie's book consists of three volumes. The first is dedicated to painters who died in the seventeenth century; the second to living painters, and the third to architects, sculptors and engravers, both living and dead. At least that is what the titles of the three volumes give us to believe,[41] for on closer inspection it transpires that De Bie did not keep to this division all that strictly. He gets off to a good start with the portraits of Adam van Noort (1557), Otto van Veen (1558), Abraham Bloemaert

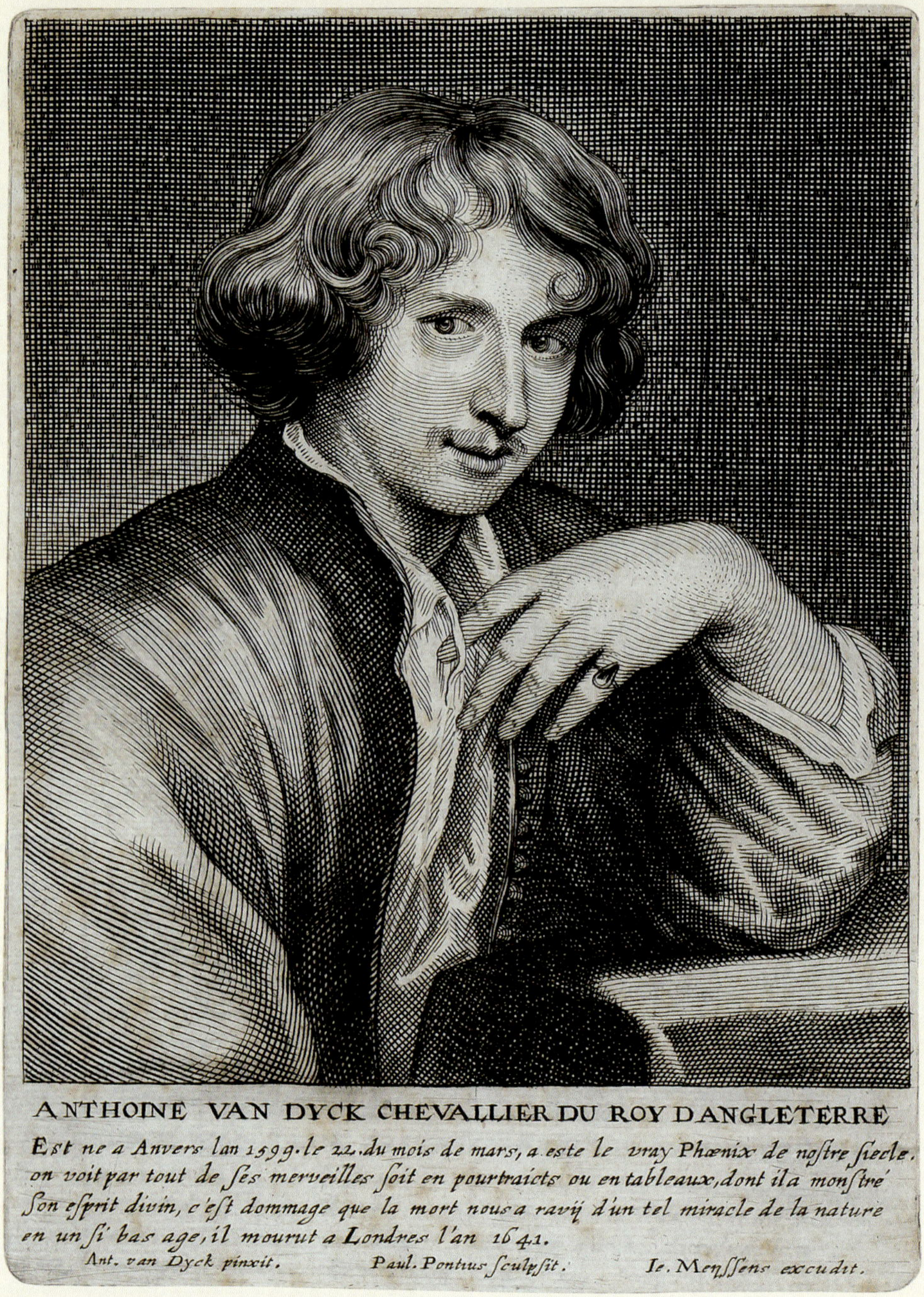


Afb. 7 P. Pontius, *Portret van Anton van Dyck.*

Fig. 7 P. Pontius, *Portrait of Anthony van Dyck.*

was nochtans goed begonnen met, chronologisch naar geboortejaren, portretten van Adam van Noort (1557), Otto van Veen (1558), Abraham Bloemaert (1564), Tobias Verhaecht (1566), Adam Elsheimer (1574), Guido Reni (1574), Pieter Paul Rubens (1577) en Frans Snijders (1579). Maar dan liep het al fout. Vóór Anton van Dyck (1599) wordt een portret van Willem van Nieuwland ingeschoven, een kunstenaar waarvan De Bie het geboortejaar niet kende, en verder in deel I komen Adriaan van Utrecht, Adam Willaerts en talrijke andere schilders die nog in leven waren. Meer en meer was Meyssens in zijn onderschriften niet in staat de jaren van geboorte en overlijden mee te delen, zodat De Bie geen houvast meer had, wat de disparate volgorde van de notities verklaart. Tussen deel één en deel twee zijn heel wat inconsequenties te noteren. In het voorwoord van deel twee verontschuldigt De Bie zich ervoor dat een aantal kunstenaars die verdienden in zijn reeks opgenomen te worden, vergeten waren. Hij voert als excuus aan dat hij afhankelijk was geweest van de platen die de graveur hem had bezorgd en dat hij niet alle kunstenaars zelf kende.[42] Dat betekent dat hij persoonlijk contact met de betrokken schilders als een belangrijke bron beschouwde. Men mag veronderstellen dat hij zich voor de Antwerpse kunstenaars heeft gericht op getuigenissen uit hun milieu. Het is opvallend dat vooral kunstenaars uit de omgeving van Rubens uitgebreid aan bod komen. Rubens en Van Dyck heeft hij niet kunnen kennen, sommigen echter wel, b.v. Jordaens, Quellin, Gerard Segers en anderen.

In principe is er geen reden om aan de betrouwbaarheid van Meyssens' informatie te twijfelen. Twee indicaties

(1564), Tobias Verhaecht (1566), Adam Elsheimer (1574), Guido Reni (1574), Peter Paul Rubens (1577) and Frans Snijders (1579), arranging them chronologically by date of birth. But then he veers off course and inserts a portrait of Willem van Nieuwlandt – an artist whose date of birth he did not know – before Anthony van Dyck (1599). Volume I also includes Adriaan van Utrecht, Adam Willaerts and numerous other artists who were still alive at the time. The further Meyssens got into the project, the more he seems to have struggled with providing birth and death dates. As a result, De Bie lost his bearings and this explains the disparate order of his records. There are numerous inconsistencies between Volumes I and II: in the preface to the second, De Bie apologizes for having omitted a number of artists who should have been included. He explains that his selection is based on the images he obtained from the engraver, and that he did not know all of the artists himself.[42] We can deduce that he was keen to obtain information through personal contact with the painters in his *Gulden Cabinet*. It is safe to assume that for the Antwerp artists he relied on reports by people from the artists' immediate surroundings. De Bie gave special attention to artists from the circle of Rubens, and although he cannot have met Rubens or Van Dyck in person, he did know others such as Jordaens, Quellin and Gerard Segers.

There are two reasons for believing that the information provided by Meyssens should, in principle, be trusted. To begin with, he only records data that he believes to be safe: he usually only indicates years of birth and death, and does not offer approximate dates if he is uncerkunnen dit bevestigen. In de eerste plaats het feit dat hij enkel gegevens optekent die hij als betrouwbaar beschouwt. Hij geeft meestal enkel jaartallen aan voor geboorte en overlijden; waar hij die niet kent, geeft hij geen benaderingen. Slechts in zeldzame gevallen citeert hij precieze datums,[43] en waar die gecontroleerd kunnen worden aan de hand van doopregisters, blijken die merkwaardig correct te zijn. De geboortedata van Anton van Dyck (22 maart 1599), Jacob Jordaens (19 mei 1594), en Erasmus Quellinus (19 november 1607) komen perfect overeen met de data waarop zij in de Onze-Lieve-Vrouwekerk te Antwerpen gedoopt zijn.[44] Bij Jordaens is weliswaar een vergissing in het jaartal opgetreden. Dat moest 1593 zijn, wat aan een schrijf- of drukfout kan worden toegeschreven.

Dezelfde bekommernis voor authenticiteit en betrouwbaarheid spreekt uit de keuze van de portretten. Het is opvallend dat in zijn signaturen Meyssens vaak aanduidt dat hij een zelfportret als model heeft gebruikt.[45] Enkele daarvan zijn nog te identificeren, b.v. het *Zelfportret van Jacob Jordaens* in de Staatsgalerie te Neuburg (afb. 4) dat gezien de leeftijd van de geportretteerde pas kort vóór 1649 kan geschilderd zijn.[46] De prent (afb. 5) is gegraveerd door Pieter de Jode. Ook voor Erasmus Quellin werd een zelfportret gebruikt (afb. 6).[47] Voor andere portretten hebben de graveurs zich gebaseerd op portretten door eminente auteurs zoals Van Dyck, Quellin, Jordaens, Lievens of Coques. De authenticiteit van de prototypes was blijkbaar een belangrijk aspect. Het *Portret van Van Dyck* door Paul Pontius (afb. 7) gaat terug op een nog bewaard zelfportret (München,

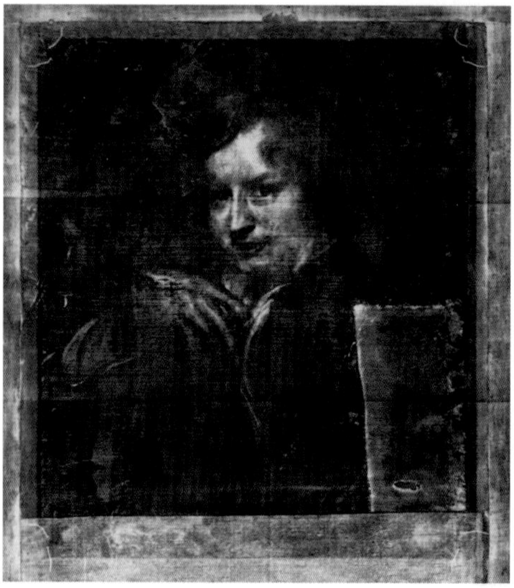

Afb. 8 A. Van Dyck, *Zelfportret*, München, Alte Pinakothek, röntgenopname.

Fig. 8 A. Van Dyck, *Self-portrait*, Munich, Alte Pinakothek, X-radiograph.

tain. Moreover, on the few occasions that he refers to an exact date,[43] the information was found to be remarkably accurate when checked in the baptismal registers. The birthdates of Anthony van Dyck (22 March 1599), Jacob Jordaens (19 May 1594), and Erasmus Quellin (19 November 1607) perfectly match the dates on which they were christened in Antwerp's Church of Our Lady.[44] Only one error has crept in, when he gives Jordaens's year of birth as 1594 instead of 1593, presumably a writing or printing error.

A similar concern for authenticity and reliability comes to the fore in the portraits themselves. Meyssens frequently indicates in his inscription that the image is based on a self-portrait.[45] A few of these can still be identified, for instance the *Self-portrait of Jacob Jordaens* in the Staatsgalerie, Neuburg (fig. 4), which given

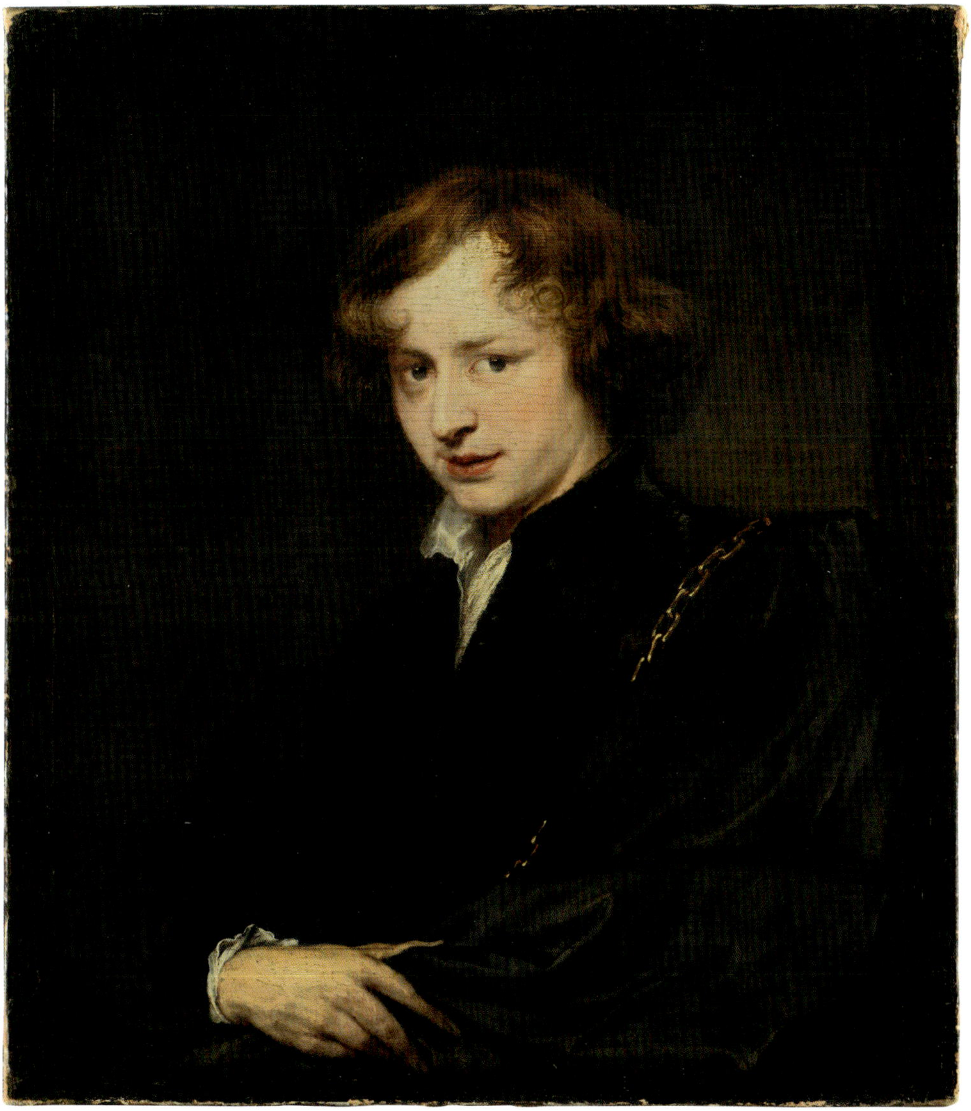

Afb. 9 A. Van Dyck, *Zelfportret*, München, Alte Pinakothek.
Fig. 9 A. Van Dyck, *Self-portrait*, Munich, Alte Pinakothek.

Alte Pinakothek) (afb. 9).[48] Dit schilderij is in twee fases tot stand gekomen, zoals uit de röntgenfoto van het schilderij (afb. 8) blijkt. In de uiteindelijke toestand laat de jongeman zijn rechterhand rusten op zijn linkerarm en draagt hij een

the sitter's age, cannot have been painted much before 1649. The engraving (fig. 5) is by Pieter de Jode.[46] The image of Erasmus Quellin is also based on a self-portrait (fig. 6).[47] Others go back to portraits by eminent artists such as Van Dyck, Quellin, gouden ketting over de linkerschouder. In de vroegere versie bracht hij in een elegante beweging zijn rechterhand aan de kraag. Dit is de houding die Pontius heeft overgenomen. Hij heeft het schilderij dus gezien voordat het overschilderd werd. Als men aanneemt dat Van Dyck zelf zijn *Zelfportret* herwerkt heeft, moet Pontius het in Van Dycks atelier gezien hebben tussen 1627 en 1632, na diens terugkeer uit Italië en vóór zijn vertrek naar Engeland. Dat zou betekenen dat Pontius' prent niet gemaakt is met het oog op de *Image* van 1649. De vraag rijst dan waarom de graveur in zijn prent de oudere versie van het portret heeft willen vastleggen. Susan Barnes heeft gesuggereerd dat het schilderij onafgewerkt in Van Dycks atelier is gebleven en dat het, allicht dan na zijn dood, door een vreemde, minder competente hand is bijgewerkt.[49] Dan zou de prent, waarin de jeugdige Van Dyck werd getoond, specifiek met het oog op zijn invoeging in de reeks van de *Image* kunnen gegraveerd zijn.

## FILIPS RUBENS DE JONGERE EN DE *VITA PETRI PAULI RUBENII*

Albert Rubens (1614-1657), de oudste zoon van Pieter Paul Rubens, heeft vermoedelijk al kort na diens dood de bedoeling gehad om een biografie van zijn beroemde vader te schrijven. Hij heeft daar notities voor verzameld. Filips Rubens de Jongere (1611-1678), de zoon van Filips Rubens de Oudere, heeft die tussen 1668 en 1676 verwerkt tot wat hijzelf een 'abrégé', een samenvatting, genoemd heeft.[50] De originele tekst in

Jordaens, Lievens or Coques. Apparently Meyssens tried hard to obtain portraits that were done from life. The *Portrait of Van Dyck* by Paulus Pontius (fig. 7) relies on a self-portrait that survives to this day (Munich, Alte Pinakothek) (fig. 9).[48] We know from the X-radiograph (fig. 8) that this painting was made in two stages. The final version shows the young artist resting his right hand on his left arm and wearing a gold chain over his left shoulder; in the earlier version his right hand was touching the neckline of his shirt in an elegant gesture. Pontius borrowed the original pose, which means that he saw the portrait before it was overpainted. Assuming that Van Dyck made the changes to his *Self-portrait* himself, Pontius must have seen it in Van Dyck's studio between 1627 and 1632, after his return from Italy and before he moved to England. If this is so, Pontius did not make the engraving expressly for the *Image* of 1649. But the question arises with this print why the engraver chose to reproduce the portrait as it appeared earlier? Susan Barnes has suggested that the painting was left unfinished in Van Dyck's studio and that it was retouched by a different, less accomplished hand, presumably after the artist's death.[49] If that is indeed what happened, it is conceivable that Pontius's engraving of the young Van Dyck was made specifically for the *Image*.

## PHILIP RUBENS THE YOUNGER AND THE *VITA PETRI PAULI RUBENII*

It was probably not long after Peter Paul Rubens died, that his eldest son, Albert Rubens (1614-1657), began work

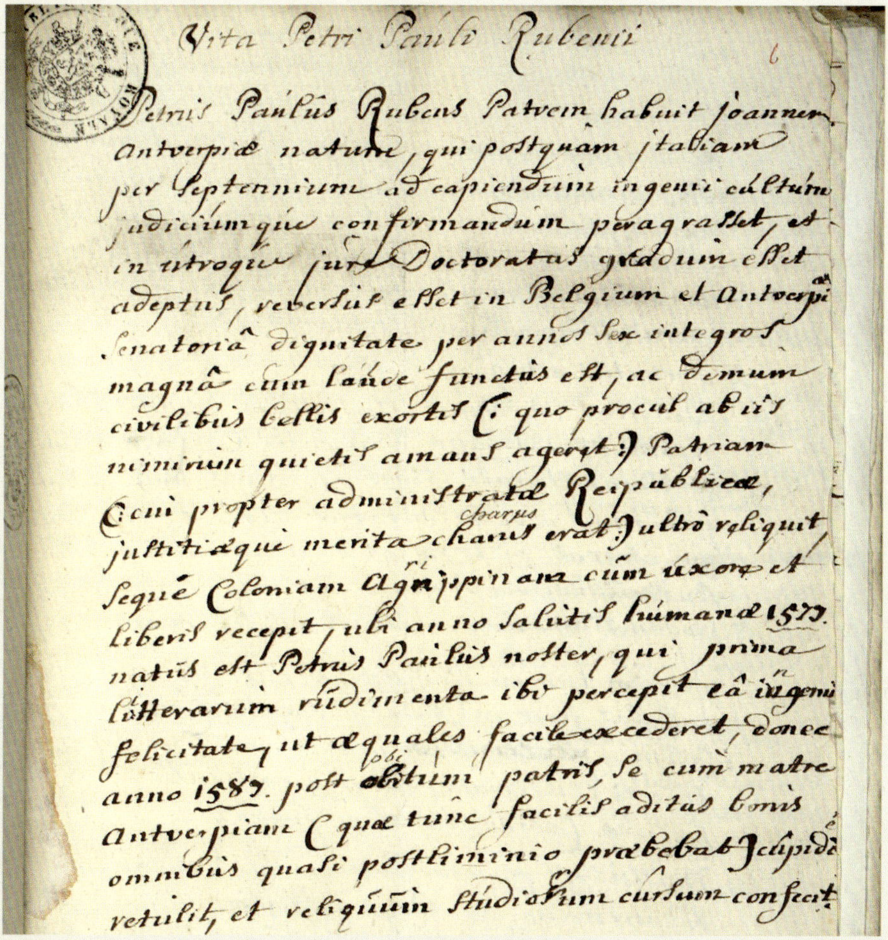

Vita Petri Pauli Rubenii

Petrus Paulus Rubens Patrem habuit Joannem
Antverpiae natum, qui postquam Italiam
per Septennium ad capiendum ingenii cultum
judiciumque confirmandum peragrasset, et
in utroque jure Doctoratus gradum esset
adeptus, reversus esset in Belgium et Antverpiae
Senatoriâ dignitate per annos sex integros
magnâ cum laude functus est, ac demum
civilibus bellis exortis (ut quo procul ab iis
nimirum quietis amans ageret) Patriam
(cui propter administratam Reipublicae,
justitiaeque merita charus erat) ultro reliquit
Seque Coloniam Agrippinam cum uxore et
liberis recepit, ubi anno salutis humanae 1577.
natus est Petrus Paulus noster, qui prima
litterarum rudimenta ibi percepit eâ ingenii
felicitate, ut aequales facile excederet, donec
anno 1587. post obitum patris, se cum matre
Antverpiam (quae tunc facilis aditus bonis
omnibus quasi postliminio praebebat) [illegible]
retulit, et reliquum studiorum cursum confecit.

**Afb. 10** Filips Rubens, *Vita Petri Pauli Rubenii* (Appendix 29, detail).
Fig. 10 Philip Rubens, *Vita Petri Pauli Rubenii* (Appendix 29, detail).

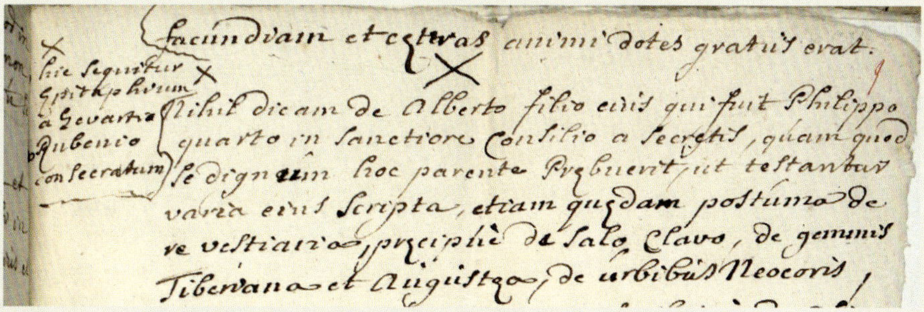

facundiam et ceteras animi dotes gratus erat.

hic sequitur Epitaphium a Gevartio Rubenio consecratum

Nihil dicam de Alberto filio eius qui fuit Philippo
quarto in Sanctiore Consilio a Secretis, quam quod
se dignum hoc parente praebuerit, ut testantur
varia eius Scripta, etiam quaedam postuma de
re vestiaria, praecipue de Lato Clavo, de gemmis
Tiberiana et Augustea, de urbibus Neocoris,

**Afb. 11** Filips Rubens, *Vita Petri Pauli Rubenii* (Appendix 29, detail).
Fig. 11 Philip Rubens, *Vita Petri Pauli Rubenii* (Appendix 29, detail).

het Latijn van de *Vita* is lang onbekend gebleven voor latere auteurs van biografieën van Rubens, met uitzondering van Roger de Piles. Filips Rubens was zeker goed geïnformeerd over het leven van zijn oom. Hij heeft hem persoonlijk gekend, heeft ongetwijfeld talloze keren het Rubenshuis bezocht en had toegang tot documenten in het familiearchief die voor Meyssens onbekend waren.

De tekst van de *Vita Petri Pauli Rubenii* is enkel bekend door kopieën uit de tweede helft van de achttiende eeuw. Het is niet duidelijk op welk handschrift de transcriptie teruggaat die in 1837 gepubliceerd werd door Baron de Reiffenberg. Zijn aandacht was erop gevestigd geworden door Charles van Hulthem en hij had het manuscript gevonden in de 'Bibliothèque de Bourgogne'.[51] Het is echter niet meer aanwezig in de collecties van de Koninklijke Bibliotheek. Daar bevinden zich wel enkele andere versies van de *Vita* , ondermeer twee onder de handschriften van Frans Mols, waarvan er een 1771 gedateerd is,[52] een vertaling in het Frans uit 1772[53] en een manuscript dat pas in 1840 verworven is, maar dat wellicht het dichtst het originele handschrift benadert (afb. 10).[54] De band waarvan het deel uitmaakt omvat nog een aantal andere documenten in verband met de biografie en de afstammelingen van Pieter Paul Rubens. Die waren samengebracht met het oog op een publicatie, die er echter niet gekomen is. In het niet gedateerd ontwerp van een brief aan 'mon cher Frans' wordt zij aangekondigd als 'Tableau Historique et généalogique de la famille de P.P. Rubens par L.J.A. De Roovere, tome second'.[55] In de brief is er ook sprake van een eerste deel.[56] Dat

on a biography of his illustrious father. The notes he accumulated to this end were used by Rubens's nephew, Philip Rubens the Younger (1611-1678), to write what he called an '*abrégé*' (summary) of Rubens's life.[50] For many years the original Latin text of this *Vita* remained unknown to later biographers of Rubens, with the exception of Roger de Piles. Philip Rubens was extremely well informed about the life of his uncle. Not only had he known him in person, but he no doubt visited the Rubenshuis on numerous occasions and had access to documents in the family archives that would have been unknown to Meyssens.

We only know the text of the *Vita Petri Pauli Rubenii* from copies made in the second half of the eighteenth century. It is not clear which manuscript was used for the transcript that was published by Baron de Reiffenberg in 1837. All we know is that he first learned about its existence from Charles van Hulthem and that originally it was located in the 'Bibliothèque de Bourgogne'.[51] The version underlying Reiffenberg's edition cannot in any case be found in the collection of the Royal Library of Belgium, which houses a number of other *Vita* manuscripts, including two copies by Frans Mols, one of which is dated 1771,[52] as well as a French translation of 1772[53] and a manuscript which, although it was only acquired in 1840, may actually come closest to the original by Philip Rubens the Younger (fig. 10).[54] It is bound together with various other documents relating to the biography and descendants of Peter Paul Rubens. These papers were assembled in preparation for a publication that was never realized. In an undated draft letter to 'mon cher Frans' lijkt te verwijzen naar de hoger vermelde Franse vertaling uit 1772. Het manuscript dateert allicht uit dezelfde jaren.

Deze tekst van de *Vita* verschilt van de overige versies in een aantal details en correcties. Het is de enige versie die niet de tekst van het grafschrift van Rubens bevat, die men wel in de andere aantreft. Er wordt alleen in de marge aangeduid op welke plaats het moet worden ingevoegd (afb. 11). Dat versterkt de veronderstelling dat het grafschrift tot in de achttiende eeuw in de familiearchieven als een papieren document bewaard was gebleven. Een grondige filologische vergelijking van de verschillende beschikbare versies van de *Vita* zou misschien hun onderling verband kunnen aantonen.

Welke versie men ook raadpleegt, de *Vita Petri Pauli Rubenii* is een betrouwbare en goed geïnformeerde bron. Alle gegevens die erin vermeld zijn en die men kan verifiëren, blijken correct te zijn: Rubens' verblijf in Italië, in Mantua en in Rome, zijn aanstelling tot hofschilder van de aartshertogen, zijn werken voor illustere opdrachtgevers, zijn ontmoeting met de hertog van Buckingham in Parijs die aanleiding was tot het vredesinitiatief en tot zijn reizen naar Spanje en Engeland, de namen van zijn leerlingen, zijn pogingen om de infante Isabella te overtuigen vrede te sluiten met de Verenigde Provinciën, de dood van zijn eerste en zijn huwelijk met zijn tweede vrouw, tenslotte zijn overlijden, het zijn allemaal feiten die met de realiteit stroken.[57]

the intended publication is referred to as 'Tableau Historique et généalogique de la famille de P.P. Rubens par L.J.A. De Roovere, tome second'.[55] The letter also mentions a first volume,[56] which could well be the 1772 translation in French just mentioned. The manuscript most probably dates from the same time.

There are various details and corrections that set this version apart from the other *Vita* manuscripts. It is the only copy that does not cite the actual epitaph on Rubens's tombstone but merely has a note in the margin indicating where it should be inserted (fig. 11). This supports the belief that a paper copy of the epitaph remained in the family archives into the eighteenth century. A thorough philological comparison of the various extant versions of the *Vita* might reveal how they correlate with each other.

Whichever version we turn to, the *Vita Petri Pauli Rubenii* is a reliable and well-informed source. All of the information that can be verified turns out to be correct: Rubens's sojourn in Italy, in Mantua and in Rome, his appointment as court painter to the archdukes, his commissions for famous patrons, his encounter with the Duke of Buckingham in Paris (which resulted in the peace initiative and sent him travelling to Spain and England), the names of his pupils, his attempts to persuade the Infanta Isabella to conclude a peace treaty with the United Provinces, the death of his first wife, his second marriage and, finally, his death – it all corresponds to the facts.[57]

## HET GRAFSCHRIFT VAN GEVARTIUS

Rubens is overleden op 30 mei 1640.[58] Zijn lichaam werd aanvankelijk bijgezet in de grafkelder van de familie Fourment in de Sint-Jacobskerk te Antwerpen.[59] Pas tussen 1642 en 1645 werd in de kooromgang van de kerk door zijn weduwe Helena Fourment en zijn kinderen een grafkapel gebouwd, met op het altaar (afb. 12) het schilderij van *Maria met Heiligen* (afb. 13) dat de kunstenaar zelf daarvoor bestemd had. Een inscriptie op het altaar herinnert aan deze stichting.[60]

De inscriptie op de grafsteen van Rubens in de Sint-Jacobskerk te Antwerpen (afb. 14) is vaak beschouwd als een betrouwbare bron.[61] Hij is daar weliswaar pas lang na de dood van Rubens aangebracht, maar de tekst van het grafschrift is duidelijk ouder, althans het eerste gedeelte ervan. Dat huldigt de afkomst van Rubens als zoon van Jan Rubens, oud-schepen van Antwerpen, en roemt zijn kwaliteiten als humanist en als schilder. Er wordt speciaal aandacht besteed aan de hoge waardering die hij bij vorsten en koningen had genoten en aan zijn bijdrage in het sluiten van de vrede tussen Engeland en Spanje. Tenslotte wordt vermeld dat Rubens op 30 mei 1640 overleden is in de leeftijd van 64 jaar. Een tweede inscriptie, onderaan op de grafzerk, geeft aan dat het monument aan Rubens was opgedragen door Gaspar Gevartius (1593-1666) (afb. 15) en dat het in 1755 was aangebracht op initiatief van kanunnik Jan-Baptist van Parijs, zelf een afstammeling van de kunstenaar uit diens tweede huwelijk. Hij had voor de grafzerk

## THE EPITAPH BY GEVARTIUS

Rubens died on 30 May 1640.[58] His body was initially interred in the tomb of the Fourment family in St James's Church, Antwerp.[59] It was not until several years later, between 1642 and 1645, that his widow, Helena Fourment, and his children erected a private burial chapel in the choir of the church and installed *The Virgin Mary with Saints* (fig. 13), which Rubens had designated himself for his own tomb, on the chapel's altar (fig. 12). An inscription on the altar itself commemorates the foundation of the chapel.[60]

Many authors have regarded the inscription on Rubens's tomb in Antwerp's St James's Church (fig. 14) as a reliable source for his life .[61] Although it was added long after the painter's death, the text of the epitaph, or at least the first half of it, clearly dates back to an earlier time. The epitaph begins by paying tribute to Rubens's descent as the son of Jan Rubens, who was an alderman in Antwerp. It praises his qualities as a humanist and a painter. Special mention is also made of the high esteem in which he was held by kings and queens, and of his personal contribution to the peace treaty between England and Spain. The first section concludes by stating that Rubens died on 30 May 1640, aged 64. A second inscription lower down the slab indicates that the monument was dedicated to Rubens by Gaspar Gevartius (1593-1666) (fig. 15) and that it was installed in 1755 on the initiative of Canon Jean-Baptiste van Parys, who was himself a descendant of the artist through his second marriage.

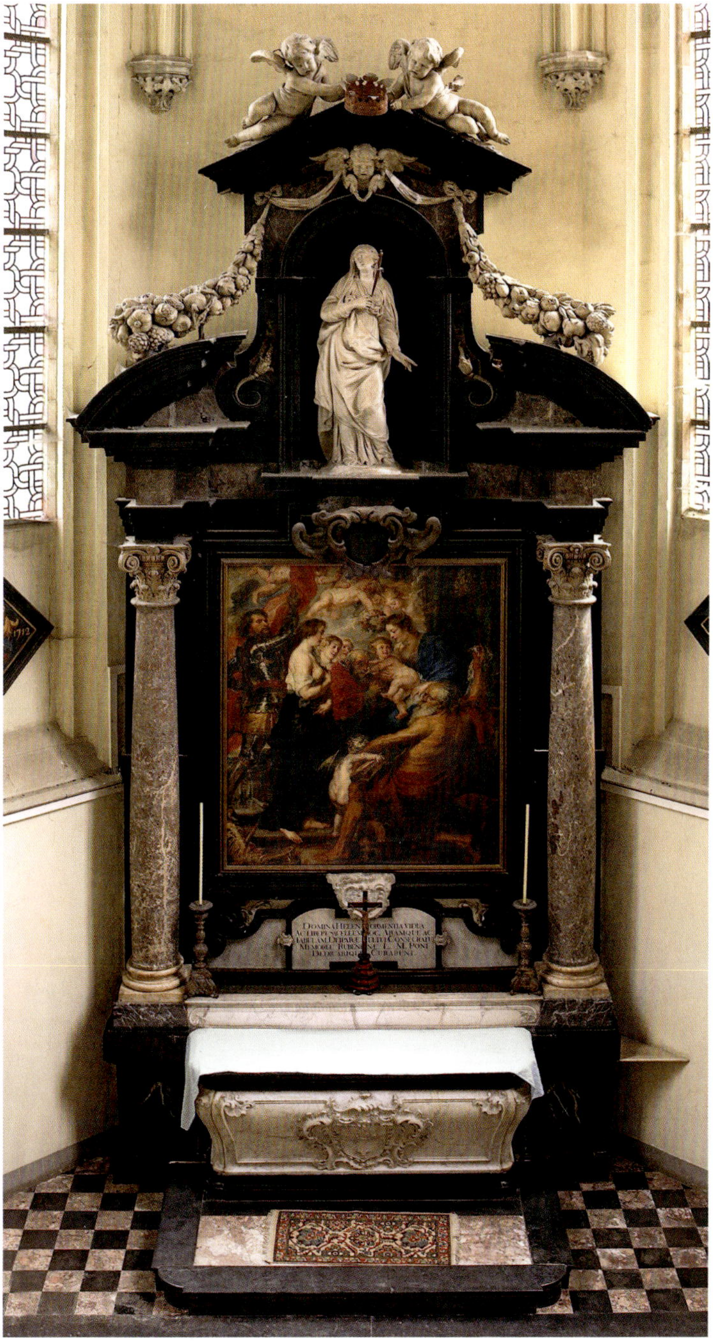

Afb. 12 C. van Mildert, *Altaar van de Grafkapel van Rubens*, Antwerpen, Sint-Jacobskerk.
Fig. 12 C. van Mildert, *Altar of the Burial Chapel of Rubens*, Antwerp, St James's Church.

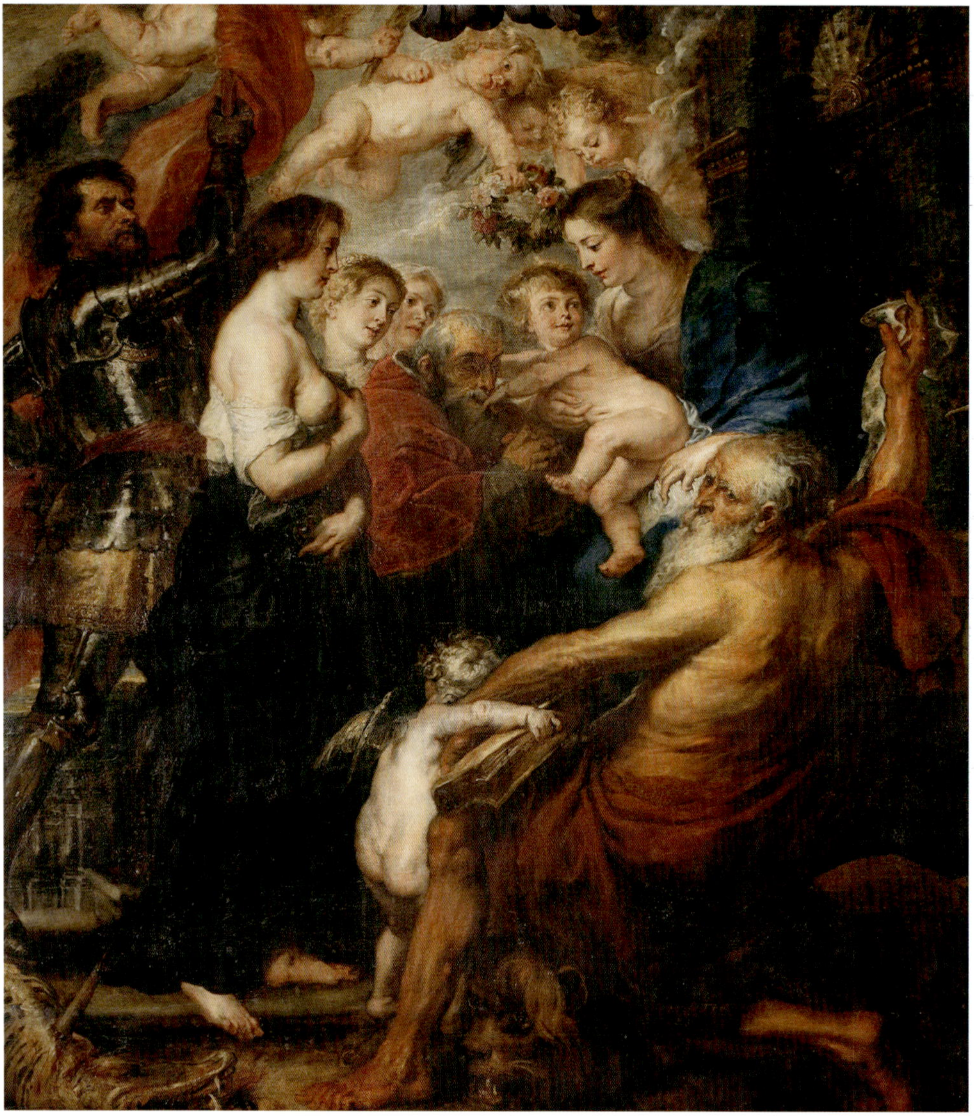

Afb. 13 P. P. Rubens, *Maria met Heiligen*, Antwerpen, Sint-Jacobskerk.
Fig. 13 P.P. Rubens, *The Virgin Mary with Saints*, Antwerp, St James's Church.

gezorgd om te verhelpen aan de nalatigheid van Rubens' nabestaanden. Die werd wat vergoelijkt door erop te wijzen dat de mannelijke tak van de familie al uitgestorven was. [62]

Van Parys had provided the slab to make up for the negligence of his ancestors, though he added that there were extenuating circumstances because the male line of the family had become extinct.[62]

Deze bemerking heeft tot enige verwarring geleid. Was er nooit een grafsteen met inscriptie geweest vóór 1755, of was die al in de loop van de zeventiende eeuw verdwenen? Hermann Riegel verklaarde in 1882 dat de bewering van Van Parijs eenvoudig onwaar was,[63] maar dan kan moeilijk verklaard worden waarom de kanunnik zijn eigen grootouders het verwijt van nalatigheid heeft gemaakt. Verschillende getuigenissen wijzen al vroeg op het ontbreken van een epitaaf in de grafkapel. In zijn reisjournaal noteerde Balthasar de Monconys op 19 juli 1663 dat hij naar de kerk gegaan was om het graf van Rubens te zien, maar dat hij tot zijn ontgoocheling had vastgesteld dat daar enkel een inscriptie tegen de muur te zien was. Daarmee doelde hij allicht op het epitaaf van Albert Rubens uit 1658.[64] Als Daniel Papebrochius omstreeks 1700 in zijn *Annales Antverpienses* onder het jaar 1640 de dood van Rubens vermeldt, merkt hij op dat de lezer er zich zal over verwonderen dat er in de grafkapel geen funeraire inscriptie te vinden is.[65] Weliswaar beweert de Piles in zijn *Vie* dat zijn versie van het grafschrift de inscripties in de Sint-Jacobskerk weergeven, maar dat is niet juist. Hij combineert de aan Gevartius toegeschreven tekst met de dedicatie door Helena Fourment en de kinderen van Rubens, die op het altaar was aangebracht. De Piles heeft de Sint-Jacobskerk nooit bezocht en kende beide teksten enkel uit kopieën die hem ter beschikking waren gesteld door Filips Rubens. De bewering van de Piles kan niet als argument worden gebruikt om te bewijzen dat er vóór 1755 een epitaaf te zien was in de kapel.

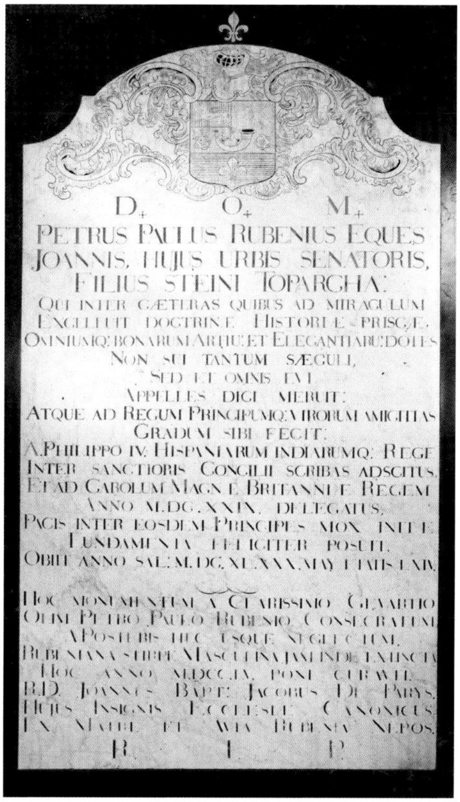


Afb. 14 Grafsteen van Pieter Paul Rubens, Antwerpen, Sint-Jacobskerk.

Fig. 14 Tombstone of Peter Paul Rubens, Antwerp, St James's Church.

This remark has caused some confusion. Was there indeed never a carved gravestone before 1755, or had the original epitaph in fact been lost at some point during the seventeenth century? If, as Hermann Riegel argued in 1882, Van Parys's statement simply was not true,[63] it is difficult to understand why the canon would have accused his own grandparents of negligence. Several early testimonies suggest that there was no epitaph in Rubens's burial chapel. Writing in his travel diary on 19 July 1663, Balthasar de Monconys noted that

**Afb. 15** P. P. Rubens, *Portret van Gaspar Gevartius,* Antwerpen, Koninklijk Museum voor Schone Kunsten.

Fig. 15 P.P. Rubens, *Portrait of Gaspar Gevartius*, Antwerp,Koninklijk Museum voor Schone Kunsten.

Ulrich Söding heeft de vrij onwaarschijnlijke suggestie gedaan dat het originele epitaaf reeds in de zeventiende eeuw uit de grafkapel verdwenen was omdat het uit vergankelijke materie bestond.[66] Génard heeft gedacht een afbeelding van het verondersteld verdwenen epitaaf te kunnen terugvinden in een tekening die ingeplakt is in een exemplaar van Le Roys *Grand Théâtre Sacré du Duché de Brabant* uit 1734 (Antwerpen, Felixarchief) (afb. 16).[67] Het toont een rechtopstaand monument, met duidelijk laatbarokke voluten, bekroond met een portret van Rubens, wat zeer vreemd zou zijn in combinatie met het altaar in de kapel. Het portretje is een uitgesneden en opgeplakt detail van een prentje dat teruggaat op het bekende *Portret van Rubens* van Paul Pontius uit 1630 (afb. 17). De tekening is niets meer dan een achttiende-eeuwse pastiche. De tekst van het grafschrift is duidelijk overgeschreven van Roger de Piles, zij het met enkele storende fouten.[68]

Dat houdt alleen de mogelijkheid open dat ook kanunnik van Parijs de tekst van het aan Gevartius toegeschreven grafschrift uit een handgeschreven of gedrukt geschrift heeft overgenomen, uit de *Vita Petri Paul Rubenii* of uit de *Vie de Rubens* van Roger de Piles. Het meest waarschijnlijke is dat hij het grafschrift uit het boek heeft gekopieerd. De in de zerk gebeitelde tekst komt daar in de verdeling van de tekst over de regels volledig mee overeen (afb. 18).

De tekst van het grafschrift is reeds in de *Vita* van Filips Rubens toegeschreven aan Gaspar Gevartius.[69] Men vindt hem ook terug in een handschrift

he had gone to the church to see the tomb of Rubens, only to find, to his disappointment, that there was no tombstone, but only an inscription on the wall. By this he may have meant Albert Rubens's epitaph of 1658.[64] Daniel Papebrochius in his *Annales Antverpienses* of *c.* 1700 mentions that Rubens died in 1640, commenting that the reader will be surprised to learn about the absence of a funerary inscription.[65] Admittedly, in his *Vie,* De Piles claims that his version of the epitaph reproduces the inscriptions in St James's Church, but this is not so. He has combined the text attributed to Gevartius with the inscription on the chapel's altar recording the dedication by Helena Fourment and Rubens's children. De Piles never visited St James's and only knew the two texts from copies given to him by Philip Rubens. De Piles's claim can therefore not be used as proof that an epitaph existed in the chapel before 1755.

A rather implausible suggestion was made by Ulrich Söding who thought that the original epitaph had disappeared from the chapel as early as the seventeenth century because it was carved on perishable material.[66] Génard believed that he had found an image of the supposedly lost epitaph in a drawing that was pasted into a copy of Le Roy's *Grand Théâtre Sacré du Duché de Brabant* of 1734 (Antwerp, Felix Archives) (fig. 16).[67] This shows an upright monument with unmistakably late baroque scrolls, crowned by a portrait of Rubens – a memorial that makes no sense in combination with the altar in the chapel. The detail of the portrait itself has been cut

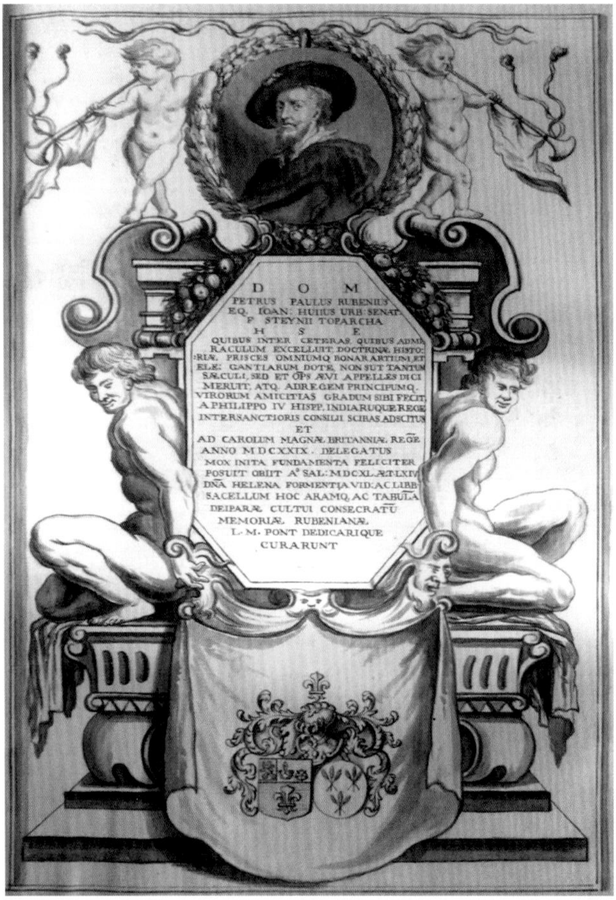


**Afb. 16** Anoniem, 18de eeuw, *Grafmonument voor Pieter Paul Rubens*, Antwerpen, Felixarchief.

**Fig. 16** Anonymous, 18th century, *Funeral Monument for Peter Paul Rubens*, Antwerp, Felixarchief.

met diens verzamelde gedichten in de Koninklijke Bibliotheek te Brussel,[70] dat vermoedelijk bijeengebracht is met het oog op een nooit gerealiseerde publicatie door de Plantijnse Pers.[71]

De sedert de publicatie van de *Vita* door baron de Reiffenberg algemeen verspreide mening dat het grafschrift integraal deel uitmaakt van de biografie van Rubens, kan in vraag worden gesteld. In een van de versies die op het einde van de achttiende eeuw nog in de familiearchieven bewaard was, komt het niet voor

out of a small engraving after the famous *Portrait of Rubens* by Paulus Pontius of 1630 (fig. 17), and pasted onto the drawing. Clearly this is no more than a pastiche by an eighteenth-century amateur. Furthermore there can be no mistake that the text of the epitaph was copied from Roger de Piles, albeit with several annoying mistakes.[68]

This leaves us with only one possibility, namely, that Canon Van Parys, too, copied the epitaph attributed to Gevartius from a handwritten or printed

**Afb. 17** P. Pontius, *Portret van Pieter Paul Rubens.*

Fig. 17 P. Pontius, *Portrait of Peter Paul Rubens.*

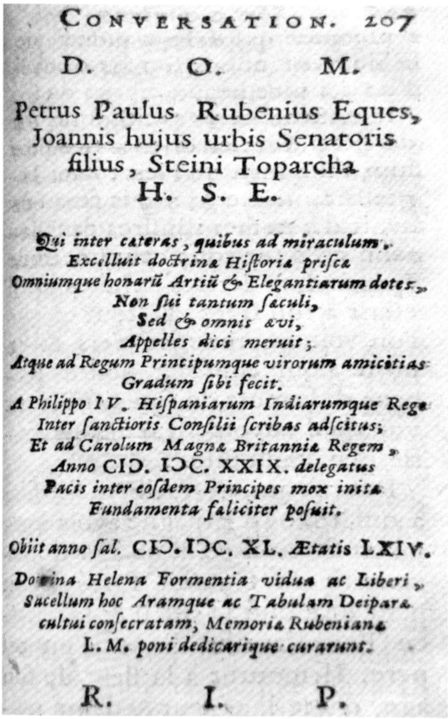

CONVERSATION. 207

D. O. M.

Petrus Paulus Rubenius Eques,
Joannis hujus urbis Senatoris
filius, Steini Toparcha
H. S. E.

*Qui inter cæteras, quibus ad miraculum,*
*Excelluit doctrinæ Hiſtoriæ priſcæ*
*Omniumque bonarũ Artiũ & Elegantiarum dotes,*
*Non ſui tantum ſæculi,*
*Sed & omnis ævi,*
*Appelles dici meruit;*
*Atque ad Regum Principumque virorum amicitias*
*Gradum ſibi fecit.*
*A Philippo IV. Hiſpaniarum Indiarumque Rege*
*Inter ſanctioris Conſilii ſcribas adſcitus;*
*Et ad Carolum Magnæ Britanniæ Regem,*
*Anno* CIↃ. IↃC. XXIX. *delegatus*
*Pacis inter eoſdem Principes mox initæ*
*Fundamenta fæliciter poſuit.*

*Obiit anno ſal.* CIↃ. IↃC. XL. *Ætatis* LXIV.

*Domina Helena Formentia vidua ac Liberi,*
*Sacellum hoc Aramque ac Tabulam Deiparæ*
*cultui conſecratam, Memoriæ Rubenianæ*
*L. M. poni dedicarique curarunt.*

R. I. P.

Afb. 18 Epitaaf van Pieter Paul Rubens (*de Piles*, 1677, p. 207).

Fig. 18 Epitaph of Peter Paul Rubens (*de Piles, 1677*, p. 207).

en wordt enkel in de marge aangeduid op welke plaats het bij de geplande publicatie van de *Vita* moest worden ingevoegd (afb. 11).[72] In de andere versies wordt het ook aangekondigd als een toegevoegd element.[73] De correspondentie tussen Filips Rubens en Roger de Piles doet ook uitschijnen dat het grafschrift aanvankelijk geen deel uitmaakte van de *Vita*. In een van zijn brieven verklaart Roger de Piles dat hij zich een beter beeld heeft kunnen maken van het niveau van Rubens' interventies op het diplomatieke vlak (was hij al dan niet ambassadeur?) nadat hij het epitaaf gezien had.[74] Daarmee bedoelt hij allicht dat hij de tekst ervan gelezen had die Filips Rubens hem had toegestuurd.

document – either the *Vita Petri Pauli Rubenii* or the *Vie de Rubens* by Roger de Piles. The most likely option is that he took the epitaph from the latter. This seems to be confirmed by the fact that the line divisions of the text on the tombstone exactly match those of the epitaph in De Piles's book (fig. 18).

The text of the epitaph was first attributed to Gaspar Gevartius by Philip Rubens in his *Vita*.[69] It also appears in a manuscript with the collected poems of Gevartius, now in the National Library of Belgium in Brussels.[70] There appears to be no printed edition of this manuscript, although it was probably intended for publication by the Plantin Press.[71]

The notion that the epitaph formed an integral part of the biography of Rubens, which became widespread when Baron de Reiffenberg published the *Vita*, can be called into question. One manuscript of the *Vita*, which was still in the family archives at the end of the eighteenth century, omits the text of the epitaph and merely has a note in the margin to indicate where it was to be inserted in the published edition (fig. 11).[72] In the other versions it is also presented as an additional element.[73] The correspondence between Philip Rubens and Roger de Piles also suggests that the epitaph was not originally included in the *Vita*. In one of his letters De Piles remarks that he has been able to form a much better impression of Rubens's diplomatic achievements (was he in fact an ambassador?) now that he has seen the epitaph.[74] By this he presumably meant that he had read the text in a document he had received from Philip Rubens.

## DE ARCHIEVEN VAN JOHAN VAN NASSAU IN HET KONINKLIJK HUISARCHIEF IN DEN HAAG

Het Koninklijk Huisarchief in Den Haag bewaart twee albums waarin drie dossiers uit het archief van Johan van Nassau gebundeld zijn.[75] De titel verwijst naar de herkomst uit de Oranjearchieven van Dillenburg.[76] Alle documenten hebben betrekking op de gevangenschap van Jan Rubens tussen 1571 tot 1578. Zij omvatten de bekende eigenhandige verzoekschriften van Maria Pijpelinckx aan de prins uit de periode onmiddellijk na de arrestatie, maar ook correspondentie tussen Jan Rubens en zijn vrouw uit die tijd en enkele ambtelijke stukken. Voor ons onderwerp van groter belang zijn een aantal documenten uit de jaren 1576-1578.[77]

De bescheiden in deze bundels die betrekking hebben op het huwelijk van Anna van Saksen en haar overspel met Jan Rubens zijn gepubliceerd door Bakhuizen van den Brink. Hij heeft verscheidene ervan *in extenso* afgedrukt. Alle latere auteurs hebben daar uitvoerig gebruik kunnen van maken, maar hebben verzuimd de originele stukken te raadplegen. Daardoor is de samenhang van de dossiers hun ontgaan en is een van de belangrijkste documenten ongebruikt gelaten, met name de kopie van het smeekschrift dat door Maria Pijpelinckx in januari 1577 werd aangeboden aan Willem van Oranje. Het origineel stuk, dat eigenhandig geschreven en ondertekend door Maria Pijpelinckx moet geweest zijn, is niet bewaard gebleven. De uitvoerige

## THE ARCHIVES OF JOHAN OF NASSAU IN THE ROYAL ARCHIVES IN THE HAGUE

The contents of three files from the archives of Johan of Nassau are preserved in two volumes now in the Royal Archives in The Hague.[75] The cover of the albums indicate that they originate from the Orange Archives at Dillenburg.[76] All of the papers relate to the imprisonment of Jan Rubens between 1571 and 1578; they include the petitions which Maria Pijpelinckx sent to the prince in the period immediately following the arrest as well as copies of correspondence between Jan Rubens and his wife from that time and also a number of official documents. The documents that are most interesting in connection with Rubens's birth are those dating from the years 1576-1578.[77]

All of the records that touch on the marriage of Anna of Saxony and her adulterous affair with Jan Rubens were published by Bakhuizen van den Brink. His publication reproduced a selection of the documents in their entirety and later authors have all drawn extensively on this material. Because these authors did not go back to the original documents, however, they failed to notice how the files related to one another and, crucially, they have ignored the vital importance of a petition presented by Maria Pijpelinckx to William of Orange in January 1577. The original version of this document, which must have been handwritten and signed by Maria Pijpelinckx, no longer exists. The lengthy text (twenty folios recto and verso) survives in a contemporary copy tekst (twintig aan beide zijden beschreven folio's) is bekend door een eigentijdse kopie in de papieren betreffende de zaak Rubens in het Koninklijk Huisarchief. De betiteling van het document (afb. 19) omschrijft het als het smeekschrift van Jan Rubens dat in januari 1577 door Johannes Taffin in Siegen aan Willem van Oranje overhandigd werd.[78] Een aantal schrijffouten verraden het werk van de kopiïst.[79] Bakhuizen van den Brink kende dit document en heeft er een uitvoerige beschrijving van gegeven,[80] maar is ervoor teruggeschrokken om de lange tekst in het Latijn helemaal over te schrijven en te publiceren. Daardoor is het sporadisch nog wel vermeld,[81] maar verder niet meer in de besprekingen betrokken.

Het document bevat twee kolommen (afb. 20-21). De rechterkolom geeft de basistekst van het aan Willem van Oranje overhandigde rekwest. Hoewel die door Maria Pijpelinckx ondertekend was, is hij ongetwijfeld opgesteld door haar man. De linkerkolom van de tekst, die pas werd toegevoegd nadat de tekst in de rechterkolom voltooid was,[82] bestaat voornamelijk uit verwijzingen naar de auteurs en de geschriften waaruit het rekwest zijn argumentatie heeft gehaald. Het aan Willem van Oranje voorgelegde smeekschrift bevatte uiteraard deze wat pedante referenties niet. Het komt echter ook niet waarschijnlijk voor, dat iemand achteraf die verwijzingen allemaal zelf is gaan opzoeken. Als iemand ze kon leveren, was het wel Jan Rubens zelf. Vandaar de conclusie dat het document in zijn huidige vorm een kopie is van twee aparte voorbeelden, het originele rekwest zelf en de notities die Jan Rubens zelf had gemaakt bij de voorbereiding van

that is included among the papers on the Rubens case in the Royal Archives. The title of the document (fig. 19) describes it as the petition from Jan Rubens presented in January 1577 in Siegen to William of Orange by Johannes Taffin, who was Anna of Saxony's pastor.[78] A number of spelling errors betray the fact that it is the work of a scribe.[79] Bakhuizen van den Brink knew the petition and gave a detailed description of it,[80] but he refrained from transcribing and publishing the complete text, which was in Latin. Consequently it has received little attention in the literature[81] and has been excluded from discussions about Rubens's birth.

The document is divided into two columns (figs. 20-21). The column to the right, containing the main text of the petition addressed to William of Orange, is signed by Maria Pijpelinckx, although we can safely assume that it was drawn up for her by her husband. The left column seems to have been added only after the text to the right was completed.[82] It consists for the most part of references to the authors and literary texts that helped forge the arguments contained in the plea. These somewhat pedantic references would naturally not have been included in the version that was intended for William of Orange. It is hard to see why someone would have gone to the trouble of looking up all these sources after the plea had been formulated. The only person who is likely to have recorded all this detailed information is, in fact, Jan Rubens. Hence the conclusion that the document which is now in The Hague is a copy combining two separate sources: the original petition itself and the notes that Jan Rubens made when he drafted the plea. There must zijn betoog. Er moet een gegronde reden zijn geweest om beide teksten met elkaar te verbinden. Een mogelijke verklaring kan worden gevonden in de tekst van de overeenkomst die Clement Nymptsch, Jacob Schwartz en Martinus Dentatus, drie ambtenaren van Johan van Nassau, op 15 mei 1578 gesloten hebben met Jan Rubens.[83] Daarin werden de voorwaarden van zijn vrijlating uit Siegen vastgelegd. Hij moest zich ter beschikking houden telkens hij opgeroepen werd en het was hem uitdrukkelijk verboden om in de Nederlanden of de andere erflanden van de Oranjes te gaan wonen. Zij waren nog steeds beducht voor een mogelijk schandaal. Het document van 1578 is in dezelfde bundel bewaard als de kopie van het smeekschrift en is wellicht gebruikt bij de onderhandelingen. Zoals Marnix van Sint-Aldegonde in een brief aan Jan Rubens van 18 mei 1577 voorspeld heeft,[84] liet Willem van Oranje de afhandeling van de vervelende kwestie aan zijn broer over. De kopie van het in januari 1577 voorgelegde smeekschrift is wellicht in de loop van 1577 aangemaakt. Het watermerk op een van de bladen verwijst in elk geval ook naar Siegen.[85]

De datum van januari 1577 moet genuanceerd worden. Herhaaldelijk wordt er in het document op gewezen dat de lamentabele affaire nu al vijf jaar aansleept.[86] Jan Rubens is op 9 maart 1571 in hechtenis genomen[87] en het verzoekschrift dateert dus ten vroegste van maart 1576. Het smeekschrift vermeldt nadere details over de gevangenschap, die uit twee periodes heeft bestaan, een van zesentwintig maanden in de kerker te Dillenburg[88] en vierendertig maanden van een zachter regime.[89] Pas op 10 mei

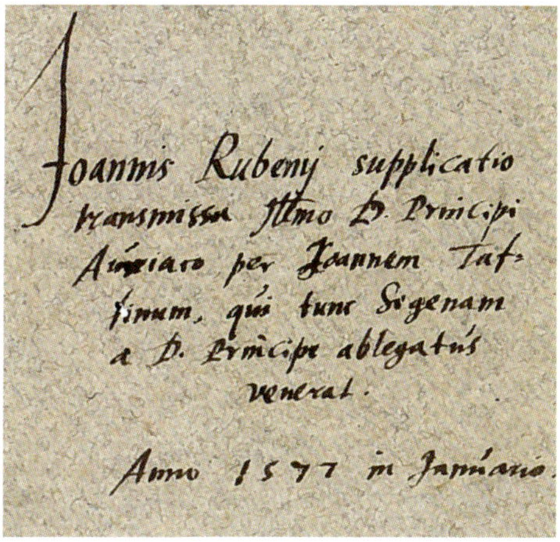
Joannis Rubenij supplicatio
transmissa Illmo D. Principi
Auriaco per Joannem Taf-
finum, qui tunc Sigenam
a D. Principe ablegatus
venerat.

Anno 1577 in Januario.

Afb. 19 Smeekschrift van Maria Pijpelinckx (Appendix 6, titel).
Fig. 19 Petition from Maria Pijpelinckx (Appendix 6, title).

have been a sound reason for putting the two texts side by side. Possibly it was intended for use in preparing the agreement of 15 May 1578 between Jan Rubens and three agents of Johan of Nassau – Clement Nymptsch, Jacob Schwartz and Martinus Dentatus.[83] This document sets out the conditions of Jan Rubens's release from Siegen: he must be available to report himself at all times and under no circumstances is he allowed to settle in the Netherlands or any other country ruled by the Orange family. The fear that a scandal might break out had evidently not yet passed. The agreement of 1578 is preserved in the same binding as the two-columned petition and it may have been used in the negotiations. Writing to Jan Rubens on 18 May 1577,[84] Marnix van Sint-Aldegonde predicted that William of Orange would leave his brother to sort out the unpleasant affair. The copy of the petition presented in January 1577 may have been made in the months that followed; one of the sheets in any case also bears a watermark that links it to Siegen.[85]

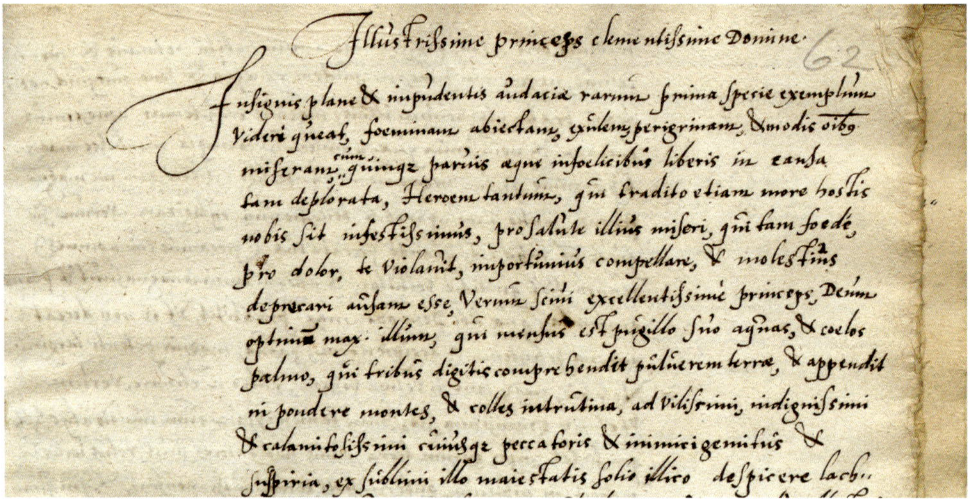
Illustrissime princeps clementissime Domine. 62
Insignis plane & impudentis audaciae rarum prima specie exemplum
videri queat, foeminam abiectam, exulem, peregrinam, & modis omnibus
miseram, cumque quinque parvis atque infoelicibus liberis in causa
tam deplorata, Heroem tantum, qui traditio etiam more hostis
nobis sit infestissimus, pro salute illius miseri, qui tam foede,
pro dolor, te violavit, importunius compellare, & molestius
deprecari ausam esse. Verum scimi excellentissime princeps, Deum
optimum max. illum, qui mensus est pugillo suo aquas, & coelos
palmo, qui tribus digitis comprehendit pulverem terrae, & appendit
in pondere montes, & colles intrutina, ad vilissimi, indignissimi
& calamitosissimi cuiusque peccatoris & inimici gemitus &
suspiria, ex sublimi illo maiestatis solio illico despicere lach..

Afb. 20 Smeekschrift van Maria Pijpelinckx (Appendix 6, fol. 62, detail).
Fig. 20 Petition from Maria Pijpelinckx (Appendix 6, fol. 62, detail).

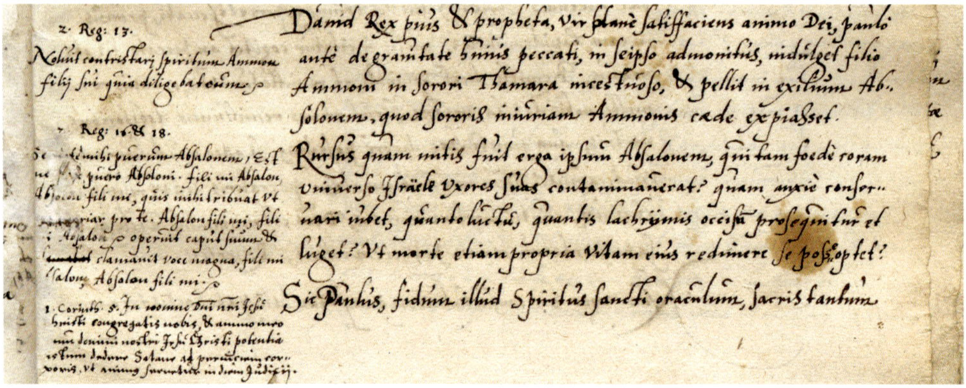
David Rex pius & propheta, vir plane satisfaciens animo Dei, paulo
ante de gravitate primis peccati, in seipso admonitus, indulget filio
Ammoni in sorori Thamara incestuoso, & pellit in exilium Ab-
solonem, quod sororis iniuriam Ammonis caede expiasset.
Rursus quam mitis fuit erga ipsum Absalonem, qui tam foede rorum
universo Israele uxores suas contaminaverat? quam anxie conser-
vari iubet, quanto luctu, quantis lachrymis occisum prosequitur et
luget? Ut morte etiam propria vitam eius redimere se posse optet?
Sic Paulus, fidum illud Spiritus Sancti oraculum, sacris tantum

Afb. 21 Smeekschrift van Maria Pijpelinckx (Appendix 6, fol. 63, detail).
Fig. 21 Petition from Maria Pijpelinckx (Appendix 6, fol. 63, detail).

1573 werd het Rubens toegestaan om zich naar Siegen te begeven. Daar vierendertig maanden bijrekenen geeft eveneens een datum *post quem* voor het verzoekschrift van maart 1576. Het is dus in Siegen opgesteld tussen maart 1576 en januari 1577. Men mag aannemen dat de redactie van deze lange tekst een aanzienlijke tijd in beslag genomen heeft. De definitieve versie is vermoedelijk tegen het einde van 1576 voltooid.

The date of January 1577 requires some modification. The document repeatedly points out that the tragic affair had been going on for five years now.[86] Jan Rubens was detained on 9 March 1571[87] so the earliest date the petition could have been written is March 1576. The detention is described in some detail and can be split into two episodes: 26 months of incarceration in the dungeon of Dillenburg Castle,[88] followed by a period of 34 months under

De tekst van het verzoekschrift brengt argumenten aan uit de bijbel, de geschiedenis en de rechtsleer die bedoeld zijn om de prins te overtuigen dat er voldoende gronden zijn om zich vergevingsgezind te tonen. Het beschrijft ook de miserabele levenswijze van Jan Rubens in Siegen: het verbod om de stad te verlaten, uitsluiting van alle economische of sociale contacten en uit de kerkgemeenschap, minachting en vijandschap vanwege de inwoners van de stad.[90] Daarenboven was er nooit een definitieve bestraffing uitgesproken voor zijn misdrijf en moest hij op elk moment vrezen opnieuw naar de gevangenis te worden verwezen of zelfs zijn leven te verliezen.[91] Vijf jaar na de feiten hoopte hij Willem van Oranje te kunnen overtuigen dat hij intussen voldoende gestraft was en dat hij terug op vrije voeten kon worden gezet, of ten minste een verblijfplaats kon worden toegewezen die wat vriendelijker was dan Siegen en wat dichter bij zijn geboortestad.[92]

## DIVERSE ARCHIEVEN

Zoals gezegd hebben de publicaties van Bakhuizen van den Brink tot enige opschudding geleid. Historici hebben in diverse archieven argumenten bij elkaar gezocht om hun stellingen kracht bij te zetten. De aandacht ging vooral naar Rubens' geboortestad, minder naar de datum van zijn geboorte. Opzoekingen in Keulen, Siegen en Wiesbaden hebben geen directe gegevens verstrekt over de geboorte van Pieter Paul Rubens, maar hebben bijkomende inlichtingen opgeleverd over de Duitse jaren van Jan Rubens en zijn gezin.

less stringent conditions.[89] It was not until 10 May 1573 that Rubens was allowed to move to Siegen. If we count forward 34 months from this moment, we arrive at a *terminus post quem* for the petition of March 1576. The petition was therefore formulated in Siegen between March 1576 and January 1577. The final draft of this long text would have taken a considerable amount of time to prepare, with the final version probably completed towards the end of 1576.

The petition quotes arguments from the Bible, history and legal doctrine to convince the prince that there are sufficient grounds to be more forgiving. It also describes the miserable conditions under which Jan Rubens is forced to live in Siegen: the strict order to stay in the town night and day, a total ban on commercial activities, exclusion from social contacts including the church community, and general contempt and hostility from the inhabitants of Siegen.[90] On top of this the final sentence for his crime was still pending and the defendant had to suffer the constant fear of being thrown back into jail or even execution.[91] Five years after the offence, Jan was desperately trying to persuade William of Orange that the time had come to grant his freedom or at least permit him to move to somewhere more agreeable than Siegen, closer to his native city.[92]

## VARIOUS ARCHIVES

As was mentioned above, Bakhuizen van den Brink's publications caused a certain upheaval among Rubens schol-

In het Antwerpse Sint-Felixarchief kan men verschillende relevante documenten aantreffen. Sommige geven indicaties over de geboortedatum van Pieter Paul Rubens, andere kunnen gebruikt worden bij de argumentatie over de geboorteplaats. Zij komen verder nog ter sprake. Hetzelfde geldt voor een aantal stukken in het familiearchief van Havre. Die bestaan uit papieren die uit de familie Rubens zelf afkomstig zijn. Tenslotte kan worden verwezen naar documenten in verband met Filips Rubens in het Stadsarchief van 's-Hertogenbosch en naar de reeds vermelde brief van Rubens in het Rubenshuis.[93]

ars. Historians set about searching the archives in the hope of finding arguments that would corroborate their hypotheses. In so doing, they paid more attention to Rubens's birthplace than to his date of birth. While research in Cologne, Siegen and Wiesbaden did not lead to any information directly relevant to the birth of Peter Paul Rubens, it did unearth some particulars surrounding the German years of Jan Rubens and his family.

A number of relevant documents can be found in the Felix Archives in Antwerp. Some of these contain references to Rubens's date of birth, while others can be used to determine where he was born. We will return to these documents in a moment. There is also a group of papers in the archive of the Van Havre family, stemming from the Rubens family, which similarly allow deductions to be made. Finally there are the documents concerning Philip Rubens in 's-Hertogenbosch and the letter from Rubens in the Rubenshuis, which was mentioned above.[93]

# DE GEBOORTEDATUM
# THE DATE OF BIRTH

Geen van de bewaarde archivalia verwijst uitdrukkelijk naar de geboortedatum van Rubens of levert daarover onweerlegbare bewijzen. Voor de jaren 1576 en 1577, die als geboortejaar in aanmerking komen, zijn er in Antwerpen geboorteregisters bewaard voor verschillende belangrijke parochies: de Onze-Lieve-Vrouwekerk, Sint-Jacobs, Sint-Walburgis, Sint-Andries en Sint-Joris.[94] In geen enkele daarvan is de naam van Pieter Paul Rubens terug te vinden. Dat is meest opmerkelijk voor de Sint-Jacobskerk, die de meest voor de hand liggende parochiekerk zou zijn, indien hij geboren was in het huis van zijn grootouders op de Meir, zoals wel eens voorgesteld is.[95] Ook in Keulen en in Siegen heeft men gelijkaardige opzoekingen gedaan, zonder resultaat. De namen van Filips en Pieter Paul Rubens zijn evenmin terug te vinden in de doopregisters van de Gereformeerde Hollandse Kerk te Keulen.[96] Ennen vermoedde dat ondanks hun evangelische overtuiging hun ouders de kinderen katholiek hebben laten dopen. Er zijn echter geen Keulse doopregisters bewaard om dit te bewijzen.[97]

None of the extant records refers specifically to, or provides absolute proof of, Rubens's date of birth. Antwerp has birth registers for 1576 and 1577 (the most likely years of Rubens's birth) for several important parishes: the Church of Our Lady, St James's Church, the churches of St Walburga, St Andrew and of St George.[94] None of these mention the name Peter Paul Rubens. This is noteworthy particularly in the case of St James's, which would almost certainly have been the parish church where he would have been registered if, as some have suggested, he was born in his grandparents' house on the Meir.[95] Research in Cologne and Siegen was similarly inconclusive and the names of Philip and Paul Rubens do not occur in the baptismal registers of the Dutch Reformed Church in Cologne.[96] Ennen suspected that despite their religious convictions, Jan Rubens and his wife chose to have their children baptized in the Catholic faith. However, there are no surviving baptismal registers in Cologne to confirm this.[97]

De enige bron die een complete datum geeft, is het *Portret van Rubens* door Jan Meyssens (afb. 1). De prent is een licht gewijzigde kopie in spiegelbeeld naar de prent van Paul Pontius uit 1630 (afb. 17). Zij toont Rubens blootshoofds, zoals bijna alle portretten in de reeks van Meyssens. Slechts bij hoge uitzondering dragen de kunstenaars daarin een hoed of een kalotje. De houding en de kledij, en zelfs details zoals de motieven van de kraag gaan duidelijk terug op Pontius. Meyssens heeft Rubens niet meer persoonlijk gekend, vermits hij zich pas in 1640 in Antwerpen is komen vestigen. Hij heeft hem niet naar het leven kunnen portretteren en beschikte blijkbaar ook niet over een geschilderd portret van hem. Het moet evenwel zijn betrachting zijn geweest om een levensecht portret van de kunstenaar te tonen. Het onderschrift definieert de geboortedatum als 28 juni 1577. De precieze data die Meyssens voor andere kunstenaars aangeeft zijn steeds correct gebleken. Die kon hij vernomen hebben van de betrokken kunstenaars zelf, ondermeer voor Jordaens en Quellin. Hoe kende Meyssens de geboortedata van Rubens en Van Dyck? Het meest voor de hand liggend is dat zij hem meegedeeld zijn door familieleden of personen uit hun omgeving De exacte sterfdatum van Rubens, 30 mei 1640, was hem bekend. De sterfdatum van Van Dyck daarentegen, die in Londen gestorven was, kende Meyssens niet. Hij houdt zich daar bij het jaartal 1641. De exacte datum die hij aangeeft voor Rubens' geboorte lijkt derhalve betrouwbaar. Reeds vóór het einde van de zeventiende eeuw heeft Bullart daar als bijkomend argument aan toegevoegd dat 29 juni het feest van de heilige Petrus en Paulus is, wat de keuze van de naam van het kind zou kunnen verklaren.[98]

The only source to give an actual date of birth is the *Portrait of Rubens* by Jan Meyssens (fig. 1). The image is a slightly altered copy in reverse after the engraving by Paul Pontius of 1630 (fig. 17). As is the case with most portraits in Meyssens's series, the artist is depicted bareheaded. Only a few of the portraits in the series show the artists wearing a hat or beret. The sitter's pose and clothes, and even tiny details such as the pattern of his collar clearly go back to the engraving by Pontius. Meyssens only moved to Antwerp in 1640 and so he cannot have known Rubens personally: thus he would not have been able to render him from life, and as far as we know he had no access to a painted portrait of the artist. Even so, Meyssens clearly wanted to produce a lifelike image of his subject. The caption specifies the birthday as 28 June 1577. Where Meyssens gives precise dates for other artists these have all been proved to be correct. In the case of Jordaens and Quellin he may have received the information from the artists themselves. How did he know the exact birth dates of Rubens and Van Dyck? This information must have been provided by relatives or close friends of the artists. Meyssens knew that Rubens had died on 30 May 1640. The exact date of Van Dyck's death in London, on the other hand, was not known to him and so he gives only the year, 1641. Rubens's birth date of 28 June 1577 appears to be trustworthy. As early as 1682, Bullart observed, in corroboration, that 29 June is the feast of Saints Peter and Paul, which may explain why these names were given to the child.[98]

De *Vita Petri Paul Rubenii* bevestigt het jaar 1577 voor de geboorte. Albert Rubens, op wiens notities de *Vita* teruggaat, kan dat jaartal niet uit Meyssens of De Bie afgeschreven hebben, want daar werd Antwerpen als geboortestad genoemd. Het zijn twee onafhankelijke bronnen. Het beeld van Peter Paul Rubens dat in de *Vita* geschetst wordt, heeft begrijpelijkerwijze vooral oog voor zijn kwaliteiten en zijn verwezenlijkingen. De inleiding geeft hoog op over de verdiensten en de carrière van Rubens' vader en diens belang voor de humanistische vorming van zijn zonen Filips en Pieter Paul. Jan Brant verklaart in zijn levensbeschrijving van Rubens' oudere broer Filips dat Jan Rubens omwille van de troebele tijden Antwerpen had moeten verlaten en dat Filips daarom in Keulen geboren was.[99] Dezelfde argumentatie vindt men in de *Vita Petri Pauli Rubenii* met betrekking tot Pieter Paul Rubens.[100] Filips was volgens Jan Brant geboren op 27 april 1574,[101] Pieter Paul volgens zijn *Vita* in 1577, zonder verdere precisering van de dag.[102] Beide teksten leggen de nadruk op de verbondenheid van de familie Rubens met Antwerpen.

Twee teksten lijken de datum van Meyssens tegen te spreken: een verklaring van 10 december 1596 van Rubens' moeder en het grafschrift. Zij zijn als bewijsmateriaal aangevoerd om de geboortedatum naar 1576 te verschuiven. In een rekwest aan de Antwerpse stadsmagistraat van 10 december 1596 vraagt Maria Pijpelinckx toestemming om een rente te mogen verkopen die in onverdeeldheid aan haar kinderen toebehoort.[103] Twee van hen zijn dan al ouder dan vijfentwintig jaar en dus meerderjarig, Filips en

The *Vita Petri Paul Rubenii* confirms 1577 as the year of the artist's birth. Meyssens and De Bie state that Rubens was born in Antwerp, so Albert Rubens, whose notes formed the basis of the *Vita*, cannot have copied the date from them. The two sources are clearly independent of one another. The *Vita* understandably focuses on the qualities and achievements of Peter Paul Rubens. Its introduction makes much of the accomplishments and career of Rubens's father and his commitment to the humanist education of his sons Philip and Peter Paul. In his biography of Rubens's elder brother Philip, Jan Brant reports that Jan Rubens had fled the turbulence of Antwerp, which explained why Philip was born in Cologne.[99] The same explanation is given in the *Vita Petri Pauli Rubenii* with regard to Peter Paul Rubens.[100] According to Brant, Philip was born on 27 April 1574,[101] while the *Vita* states that Peter Paul was born in 1577, without mentioning a specific date.[102] Both texts stress that the Rubens family had ties with Antwerp.

Two texts seemingly contradict the date given by Meyssens: one is a statement signed by Rubens's mother and dated 10 December 1596, and the other is the epitaph. Both texts have been used to argue that the birthdate should be moved to 1576. In a request to the town council of Antwerp on 10 December 1596, Maria Pijpelinckx seeks permission to dispose of a financial asset which she was holding in trust for all of her children.[103] Two of the children were older than 25 and were therefore legally adults, but Philip and Peter Paul were still minors. She declares that Philip is 22 years old and Peter Paul 20. Philip Rubens was born on 27 April

Pieter Paul zijn dat nog niet. Zij verklaart dat Filips tweeëntwintig jaar oud is en Pieter Paul twintig jaar. Filips Rubens, die op 27 april 1574 geboren was, was inderdaad tweeëntwintig jaar en enkele maanden oud. Als men dezelfde berekening toepast op zijn jongere broer, komt men tot een geboortedatum vóór 10 december 1576. Zoals hoger uiteengezet, moet men de aangegeven leeftijd niet altijd strikt nemen. Er dient te worden opgemerkt dat de bedoeling van het aangeven van de leeftijd van de twee broers enkel was om aan te tonen dat zij beiden nog minderjarig waren. Pieter Paul was in elk geval nog ver van zijn meerderjarigheid verwijderd. Of hij al twintig jaar was of nog in zijn twintigste, had voor dit document weinig of geen belang.

Rubens heeft zelf ook een verklaring over zijn leeftijd afgelegd.[104] Op 28 augustus 1618 verscheen hij te Antwerpen voor notaris Jan Nicolai samen met Jan Breughel en Hendrik van Balen. De drie kunstenaars bevestigden dat zij in de winkel van tapijthandelaar Laureys de Smit een reeks tapijten gezien hadden van de *Geschiedenis van Scipio en Hannibal* naar ontwerpen van Giulio Romano. Zij geven elk hun leeftijd op: Jan Breughel, de oudste, is omtrent achtenveertig jaar oud, Van Balen drieënveertig, Rubens eenenveertig. Men neemt aan dat Jan Breughel in 1568 geboren is,[105] en hij was dus in 1618 wellicht iets ouder dan hij verklaart. Over Van Balens geboortedatum zijn geen andere gegevens bekend en het hier besproken document wordt soms gebruikt om die omstreeks 1574-75 te plaatsen.[106] Indien Rubens de berekening correct heeft gemaakt, moet men zijn geboorte tussen 28 augustus 1576 en 28 augustus

1574 so he would indeed have been 22 years and a few months at the time. If we do the same sum for his younger brother, we could conclude that Peter Paul was born before 10 December 1576. But as we have seen, contemporary statements of age do not always reflect the facts one hundred percent accurately. The age of the two boys was mentioned merely to indicate that they were still below the legal age of majority. The document establishes that Peter Paul was well under 25. Whether he was still 19 at this point, or had actually turned 20, was of little or no importance otherwise.

We also have a statement from Rubens himself concerning his age.[104] On 28 August 1618 he appeared before the notary Jan Nicolai together with Jan Breughel and Hendrik van Balen. The three artists testified that they had seen a series of tapestries of the *Battle between Scipio and Hannibal* after Giulio Romano in the tapestry shop of Laureys de Smit. Each of the witnesses gave his age: Jan Breughel, the oldest of the three, was approximately 48 years old, Van Balen 43 and Rubens 41. Since Jan Breughel is thought to have been born in 1568,[105] he would have been slightly older in 1618 than he claims to be. The only information we have about Van Balen's date of birth is the document just referred to, and this has sometimes been used to date his birth around 1574-75.[106] Assuming that Rubens had calculated his own age correctly, he was born between 28 August 1576 and 28 Augustus 1577. This fits in perfectly with the date given by Meyssens. Again, the precise age of the men is not all that important; what matters here is that they were of an age at which they could

1577 plaatsen. Dat is perfect compatibel met de geboortedatum van Meyssens. Ook hier komt de precieze leeftijd van de drie mannen er niet echt op aan. Het volstaat dat duidelijk gemaakt wordt dat zij tot de jaren van ernst en verstand zijn gekomen en dus in staat zijn om geloofwaardige getuigenissen af te leggen over een materie die hun vertrouwd moest zijn vanuit hun professionele achtergrond.

Het grafschrift van Rubens in de Sint-Jacobskerk (afb. 14) vermeldt dat de kunstenaar bij zijn overlijden op 30 mei 1640 vierenzestig jaar oud was. Wij hebben er op gewezen dat de grafzerk pas in 1755 is aangebracht en dat de tekst dezelfde is als degene die door Roger de Piles geciteerd is en er waarschijnlijk naar gekopieerd is. De Piles heeft verkeerdelijk de indruk gewekt dat zijn tekst naar de originele grafsteen gekopieerd was. In werkelijkheid heeft hij een tekst gekopieerd die hem door Filips Rubens gestuurd was. Wat wij bij de Piles kunnen lezen is een kopie uit de tweede hand. Hier kunnen gemakkelijk verschrijvingen zijn opgetreden. Reeds De Bie en, blijkbaar in navolging van hem, Bellori, hebben opgemerkt dat van 1577 tot 1640 drieënzestig jaar kunnen berekend worden in plaats van vierenzestig.[107] Het is niet duidelijk waarom in het grafschrift de leeftijd van Rubens bij zijn overlijden is opgetekend. Hij zou kunnen ingeroepen zijn als bewijs voor het buitengewoon vruchtbare leven van de kunstenaar. De Bie vergelijkt in dat opzicht het oeuvre van Rubens met dat van Titiaan, die bijna honderd jaar geworden is.[108]

Tenslotte is er het in januari 1577 aan Willem van Oranje voorgelegde smeekschrift van Maria Pijpelinckx. Het

be expected to make well-balanced judgements and act as reliable witnesses in a matter of professional expertise.

The epitaph in St James's Church (fig. 14) states that Rubens was 64 when he died on 30 May 1640. As we have seen, the tombstone was not installed in the church until 1755 and the epitaph exactly reproduces the text cited by Roger de Piles, probably because De Piles's publication was in fact the source. De Piles misleadingly gave the impression that he had copied the epitaph from the original tombstone, but in actual fact he reproduced a text which had been sent to him by Philip Rubens. What De Piles thus offers us is a secondhand copy, which could quite easily have included a few notational errors. De Bie, and after him Bellori and also De Piles had already observed that it is possible to count 63 years, rather than 64, between 1577 and 1640.[107] It is not clear why the epitaph refers to Rubens's age at the time of his death. Possibly it was to remind the public of the exceptionally productive life the artist had led. De Bie had compared Rubens's productivity with that of Titian, who was nearly 100 when he died.[108]

Finally there is the petition that Maria Pijpelinckx submitted to William of Orange in January 1577. The appeal opens with a request to forgive the presumption of a deplorable exile, stranger, and deeply unhappy woman, in seeking clemency from the man who should in fact be her most irreconcilable enemy.[109] The reference to her five poor children (fig. 20) provides an interesting piece of information in relation to our question. When Jan Rubens and his wife left pleidooi begint met een vraag om vergiffenis omdat zij het aangedurfd heeft om vanuit haar positie van verwerpelijke balling, vreemdelinge en diep ongelukkige vrouw een verzoek tot genade te richten tot de man die eigenlijk haar meest onverzoenlijke vijand zou moeten zijn.[109] De verwijzing naar haar vijf ongelukkige kindertjes (afb. 20) levert een interessant gegeven op voor onze vraagstelling. Toen het echtpaar Rubens in 1568 Antwerpen verliet, hadden zij al vier kinderen: Jan Baptist (geboren in 1562), Blandina (gedoopt op 12 mei 1564), Clara (gedoopt op 17 november 1565) en Hendrik (geboren in 1567).[110] Het vijfde kind was Filips, geboren op 27 april 1574.[110] Het zesde kind, Pieter Paul Rubens, was nog niet geboren op het ogenblik dat het smeekschrift werd opgesteld dat in januari 1577 aan Willem van Oranje werd voorgelegd. Zelfs als men aanneemt dat daaraan reeds in de zomer of de herfst van 1576 gewerkt werd, blijft de datum van het indienen ervan een plausibele *terminus post quem* voor de geboorte van Pieter Paul Rubens.

Samengevat: Maria Pijpelinckx wordt in de jaren 1576 en 1577 geen enkele maal in Antwerpen vermeld. Daarentegen wordt meermaals bevestigd dat zij in Siegen aanwezig was. Het rekwest van januari 1577 is opgesteld vooraleer Pieter Paul als zesde kind geboren werd. De berekeningen over de leeftijd en de geboortedatum van Pieter Paul Rubens zijn niet eensluidend en kunnen niet ingeroepen worden om de door Meyssens al in 1649 voorgestelde geboortedatum van 28 juni 1577 te ontkrachten.

the city of Antwerp in 1568 they already had four children: Jan Baptist (born 1562), Blandina (baptized 12 May 1564), Clara (baptized 17 November 1565) and Hendrik (born 1567).[110] Their fifth child, Philip, was born on 27 April 1574. When the couple were preparing the petition that Maria presented to William of Orange in January 1577, their sixth child, Peter Paul, had not yet been born. Even if we accept that the document was being drafted as early as the summer or autumn of 1576, the date at which they submitted it to William of Orange remains a plausible *terminus post quem* for the birth of Peter Paul Rubens.

In summary: none of the Antwerp registers for the years 1576 and 1577 mentions Maria Pijpelinckx. The petition of January 1577 was composed before the couple's sixth child, Peter Paul, was born. The calculations that have been made to establish the age and date of birth of Peter Paul Rubens do not all agree, but they cannot be used to disprove the birthdate of 28 June 1577, which was first proposed by Meyssens in 1649.

# DE GEBOORTESTAD
# THE PLACE OF BIRTH

Drie steden kunnen er aanspraak op maken de geboortestad van Rubens te zijn: Siegen, waar zijn ouders woonden op het tijdstip van zijn geboorte, Antwerpen, dat in de legende bij de prent van Meyssens uit 1649 en in Cornelis de Bies *Gulden Cabinet* genoemd wordt, en Keulen, waar hij volgens Egidius Gelenius en volgens de *Vita Petri Pauli Rubenii* geboren was. Kuringen en Lier, die later ook voorgesteld zijn, zijn geen ernstige alternatieven.[111]

De argumenten ten gunste van Siegen liggen in de vaststelling, reeds in 1853 gemaakt door Bakhuizen van den Brink, dat Jan Rubens met zijn vrouw en kinderen van 1573 tot 1578 in die stad heeft gewoond. Het was hem strikt verboden de stad te verlaten. De enige uitzondering daarop was zijn kortstondig bezoek aan Keulen in april 1577. Daarvoor diende hij een uitdrukkelijk verzoek te richten aan Johan van Nassau. Een randnotitie bij zijn brief (afb. 24) bevestigt dat hij een twaalftal dagen weg was geweest.[112] Een aantal documenten bevestigen dat Maria Pijpelinckx in de loop van 1577

Three towns can lay claim to being the birthplace of Rubens: Siegen, where his parents were living at the time of his birth; Antwerp, which is mentioned on the print by Meyssens of 1649 and in Cornelis de Bie's *Gulden Cabinet*; and Cologne, where the artist was born according to Egidius Gelenius and the *Vita Petri Pauli Rubenii*. The towns of Kuringen and Lier have also been suggested but these claims are unsubstantiated.[111]

The arguments in favour of Siegen emanate from Bakhuizen van den Brink's investigations of 1853, which revealed that Jan Rubens and his family lived there from 1573 until 1578. As we have seen, he was under strict orders not to leave the town; only once, in April 1577, did he make a brief trip to Cologne and in order to make this journey he had to submit a formal request to Johan of Nassau. The letter with his request has a note in the margin (fig. 24) confirming that he was away for twelve days.[112] Several documents show Maria Pijpelinckx to have been in Siegen more or less continuously in 1577: she was there in January omzeggens continu in Siegen was: in januari 1577 (afb. 19-21), op 7 februari 1577 (afb. 22) en op 14 juni 1577 (afb. 25).[113] Archiefonderzoek heeft anderzijds geen enkele aanwijzing aan het licht gebracht van haar aanwezigheid in Keulen of in Antwerpen in de jaren 1576 of 1577. De publicatie van nog meer gegevens over het verblijf van de familie Rubens in Siegen[114] heeft de aspiraties van Keulen om als geboortestad van de kunstenaar te kunnen gelden verder ontkracht.

Twee zeventiende-eeuwse bronnen vernoemen Keulen uitdrukkelijk als geboortestad van Rubens de beschrijving van de stad door Gelenius in 1645[115] en de *Vita Petri Pauli Rubenii*.[116] Het langdurig verblijf in Keulen van Jan Rubens, van 1568 tot 1571 en van 1578 tot aan zijn dood in 1587, heeft zijn naam in die stad bekendheid gegeven. De identificatie van het Gronschfeldsche Hof als Rubens' geboortehuis door Gelenius, hetzelfde huis waarin Maria de' Medici en later de Jabach familie gewoond hebben, is ongetwijfeld ingegeven door lokaal patriottisme, maar is al in de negentiende eeuw onterecht gebleken.[117]

De verwijzing naar Keulen als geboortestad door Rubens' familie steunt op een traditie die in gang is gezet door Maria Pijpelinckx zelf. Zij heeft op verschillende manieren getracht de visie ingang te doen vinden, in Keulen en in Antwerpen, dat Jan Rubens weliswaar een lange tijd in Keulen gewoond had met zijn gezin, maar dat hij bovendien hechte banden met zijn geboortestad Antwerpen had behouden. Op dit laatste aspect komen wij verder terug. In zijn grafschrift[118] liet Maria Pijpelinckx optekenen dat hij

1577 (figs. 19-21) and on 7 February 1577 (fig. 22) and 14 June 1577 (fig. 25).[113] The aspirations of some to establish Cologne as the artist's undisputed birthplace have been further undermined by the absence of archival evidence of Maria Pijpelinckx's presence in either Cologne or Antwerp in the years 1576-577, and by the publication of additional information about the sojourn of the Rubens family in Siegen.[114]

Two seventeenth-century sources state explicitly that Rubens was born in Cologne: Gelenius's description of the city of 1645,[115] and the *Vita Petri Pauli Rubenii*.[116] Because Jan Rubens lived in Cologne for many years – from 1568 to 1571 and from 1578 until his death in 1587 – his name became closely associated with the city. When Gelenius identified the Gronschfeldsche Hof as Rubens's birth house, he was no doubt influenced by a sense of local patriotism: the house had been lived in by Maria de' Medici and then the Jabach family. But by the nineteenth century this suggestion had already been discounted.[117]

The claim by Rubens's own descendants that he was born in Cologne has its roots in a tradition that was started by the artist's mother, Maria Pijpelinckx. In various ways she tried to plant the idea, both in Cologne and in Antwerp, that while the family had lived in Cologne for a long time, Jan Rubens had always maintained close ties with his native city Antwerp. We shall return to this matter shortly. The epitaph that Maria Pijpelinckx commissioned for her husband[118] records that he lived in the city of Cologne from 1568 until the time of his death. On 27 June 1587 she had this statement formally van 1568 tot aan zijn dood in 1581 in die stad had gewoond. Op 27 juni 1587 bekwam zij van de stadmagistraat van Keulen een attest dat hetzelfde verklaarde.[119] Dat was maar ten dele waar, vermits wij nu weten dat tussen 1573 en 1578 Jan Rubens doorlopend in Siegen heeft verbleven en pas dan opnieuw naar Keulen is verhuisd. Terug in Antwerpen, liet Maria Pijpelinckx op 24 november 1589 nogmaals bevestigen door drie getuigen dat zij het gezin daar in de jaren 1577 tot 1585 hadden gekend.[120] Andries van Breuseghem had van 1583 tot 1585 zelf in Keulen gewoond, Gillis de Meere van 1577 tot 1580 – hij kan de familie Rubens daar pas in 1578 hebben zien toekomen –, en Lazarus Haller tussen 1579 en 1585. Deze verklaringen waren bestemd om haar terugkeer in Antwerpen te begeleiden.

Het was voor Maria Pijpelinckx en ook voor de volgende generatie belangrijk om ten onrechte vol te houden dat Filips en Peter Paul Rubens in Keulen geboren waren, zodat de jaren in Siegen verborgen konden blijven. Filips heeft zelf verklaard dat hij in Keulen geboren was in een rekwest van november 1606[121] en dat is aanvaard door de Staten van Brabant in 1607 en door de aartshertogen in 1609.[122] De biografieën die van de familie zelf uitgaan bevestigen het ook voor Peter Paul.[123] Op de redenen daarvoor komen wij nog terug, als wij de aanspraken van Antwerpen onderzoeken. Wat sedert Bakhuizen van den Brink geldt voor Pieter Paul Rubens, geldt ook voor zijn oudere broer Filips. Terecht hebben Max Rooses en Jeanine De Landtsheer ook hem in Siegen doen geboren worden.[124]

witnessed by the Cologne administration.[119] We now know this was only partly true, for Jan Rubens had been banished to Siegen in 1573 and was forced to stay there until 1578; only then did he move back to Cologne. On 24 November 1589, following her return to Antwerp, Maria Pijpelinckx also asked three eyewitnesses to confirm that they had known the family in Cologne in the years 1577-1585.[120] Andries van Breuseghem had lived in the city between 1583 and 1585, Gillis de Meere from 1577 to 1580 (therefore his acquaintance with the Rubens family in Cologne cannot date from before 1578) and Lazarus Haller from 1579 to 1585. Maria Pijpelinckx went to the trouble of gathering this official evidence because she was anxious to secure her own and her children's safe return to Antwerp.

It was important for Maria Pijpelinckx and for the next generation, to uphold the fiction that Philip and Peter Paul Rubens were born in Cologne, in order to conceal the years in Siegen. Philip declared himself that he was born there,[121] and it was accepted as the truth by the States of Brabant in 1607 and by the Archdukes Albert and Isabella in 1609.[122] The biographies of the two men that were compiled by the family, also confirm the fact for Peter Paul.[123] We will discuss the reasons for this when we turn our attention to the claims in favour of Antwerp. It is important to say at this point that the arguments outlined above apply equally to the birth of the artist's elder brother Philip. Max Rooses and Jeanine De Landtsheer have rightly concluded that he, too, was born in Siegen.[124]

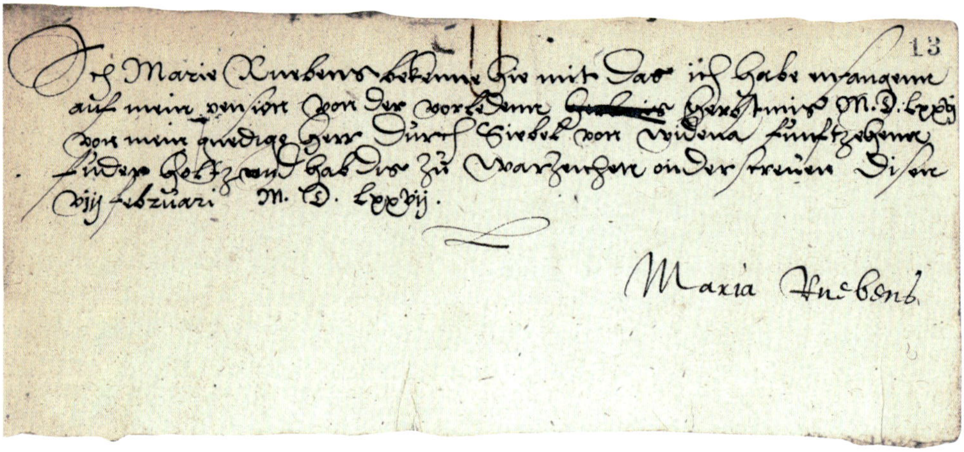

Afb. 22 Ontvangstbewijs van Maria Pijpelinckx (Appendix 7).
Fig. 22 Receipt signed by Maria Pijpelinckx (Appendix 7).

De theorie ten gunste van Antwerpen als geboortestad van Rubens is voornamelijk gebaseerd op de vaststelling dat Rubens in tal van documenten poorter van Antwerpen wordt genoemd en de veronderstelling dat hij op deze hoedanigheid enkel kon aanspraak maken als hij binnen de muren van de stad geboren was. Zo argumenteerden althans Génard[125] en Van den Branden[126] en recentelijk opnieuw Rombaut en Tijs.[127] Dat lijkt bevestigd te worden door het feit dat Filips Rubens op 14 januari 1609 in de poortersboeken werd opgetekend (afb. 23).[128] Aangezien zijn jongere broer Pieter Paul niet in die boeken terug te vinden was, had hij, zo wordt gesteld, op een andere manier het poorterschap verworven, en dat kon alleen zijn door in Antwerpen geboren te zijn.

The argument in support of Antwerp as the artist's birthplace is mainly based on the fact that numerous documents list him as a citizen of Antwerp, and the supposition that he could only have acquired this status through being born within the city walls. At least that is the construction of Génard[125] and Van den Branden.[126] More recently their theory has been revived by Rombaut and Tijs.[127] This seems to be corroborated by the fact that Philip Rubens's name was entered into the lists of new citizens on 14 January 1609 (fig. 23).[128] Since the lists do not mention his younger brother, it was believed that Peter Paul had acquired citizenship by some other means – the only possible explanation being that he had been conferred this status at birth.

Filips Rubens had een goede reden om zijn hoedanigheid van poorter officieel te doen erkennen; om het ambt van secretaris van de stad Antwerpen te kunnen opnemen moest hij Brabander zijn.

Philip Rubens had good reason to seek formal verification of his Antwerp citizenship. In order to be appointed to the office of Secretary of the City of Antwerp he was officially required to be born in Brabant.

Daarom verzocht hij in november 1606 de Staten van Brabant om te bevestigen dat hij, ondanks het feit dat hij te Keulen geboren was, als Brabander erkend kon worden of, indien nodig, kon worden genaturaliseerd.[129] Hij betoogde dat zijn vader altijd Brabander en poorter van Antwerpen was geweest. Hij had de stad noodgedwongen moeten verlaten omwille van de troebele tijden. Zijn ouders hadden een tijd lang in Keulen gewoond, en enkele van hun kinderen waren daar geboren. Zij hadden echter nooit de intentie gehad om Brabant te verlaten en, ten bewijze daarvan, de weduwe van Jan Rubens was met haar kinderen naar Antwerpen teruggekeerd zodra de reconciliatie dat toeliet. Filips was daar van in zijn prille jeugd opgevoed. Hij verzocht de Staten te bevestigen dat hij, als zoon van Brabantse ouders ook als Brabander kon genieten van al de daaraan verbonden rechten. Als het nodig was, vroeg hij genaturaliseerd te worden.

Dat bleek echter niet het geval te zijn. De Staten beslisten na beraadslaging (15 november 1606 en 17, 18 en 24 juli 1607) dat Filips Rubens voor een ingeboren Brabander zou worden gehouden, ondanks het feit dat hij buiten het land geboren was.[130] Op 14 januari 1609 werd

For this reason he wrote to the States of Brabant in 1606 asking if he could be recognized as a Brabant national, or if necessary be naturalized, even though he was born in Cologne.[129] He explained that his father had never been anything other than a Brabander and citizen of Antwerp and that he had only left the city on account of the war. His parents had therefore lived in Cologne for some considerable time and several of their children were born there, but it had never been their intention to leave Brabant for good. This was proved by the fact that Jan Rubens's widow had gone back to Antwerp with her children as soon as the city had entered calmer waters. Philip pointed out that he had received the bulk of his education in Antwerp; given that he was the son of two Brabant-born parents he asked the States to confirm his citizenship of Brabant with all the privileges it entailed. If necessary, he added, he would be happy to apply for naturalization.

This turned out not to be necessary: following deliberations (on 15 November, 1606, and on 17, 18 and 24 July, 1607), the States agreed that Philip Rubens was henceforth allowed to call himself a native of Brabant, despite the fact that he had been born on foreign soil.[130] On 14 January

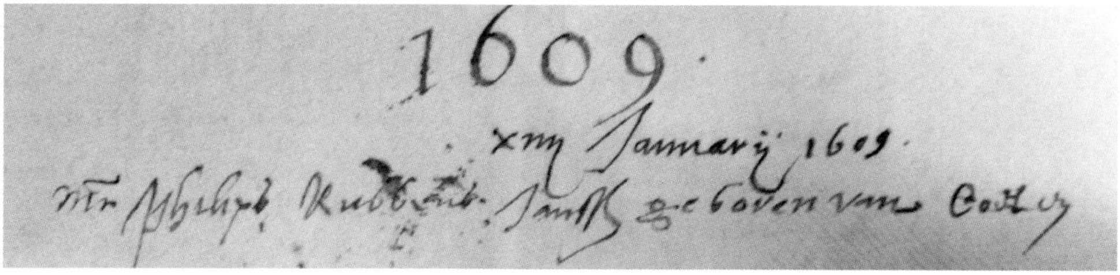


Afb. 23 Inschrijving van Filips Rubens als poorter van Antwerpen (Appendix 21).

Fig. 23 Registration of Philip Rubens as citizen of Antwerp (Appendix 21).

Filips Rubens benoemd tot stadssecretaris van Antwerpen, maar er waren geruchten dat men dreigde daartegen een klacht in te dienen en het ambt opnieuw vacant te doen verklaren, onder voorwendsel dat hij geen Brabander was en dus niet voor deze betrekking in aanmerking kwam. Dat noodzaakte hem om zijn Brabantse nationaliteit nogmaals te laten bevestigen door de aartshertogen Albrecht en Isabella. Zijn argumentatie was opnieuw dat zijn ouders hun rechten nooit hadden verloren en dat zij slechts tijdelijk Antwerpen hadden verlaten, zonder intentie om zich in het buitenland te vestigen. Hij kon ook nog verwijzen naar de belangrijke rol die zijn vader in de Antwerpse stadsmagistraat had gespeeld. Op 19 januari 1609 beslisten de aartshertogen dat Filips Rubens ongestoord zijn mandaat van secretaris van Antwerpen mocht voortzetten.[131] Men kan er ook op wijzen dat rond dezelfde tijd

1609 Philip Rubens was appointed secretary of the City of Antwerp. However, there were rumours that there could be complaints sustaining that he was ineligible because he was not a Brabander and could not be qualified for the post. Once again he had to have his nationality confirmed, this time by the Archdukes Albert and Isabella. He argued again that his parents never had forfeited their citizenship and that they had left Antwerp with the intention of returning. In addition, he referred to his father's prominent position in Antwerp's administration. On 19 January 1609 the archdukes decreed that Philip Rubens was entitled to continue his duties as Secretary of the City of Antwerp.[131] It is worth mentioning that around this time they must also have been entering into negotiations with Peter Paul Rubens for his appointment as court painter, which was to follow on 23 September 1609. If it

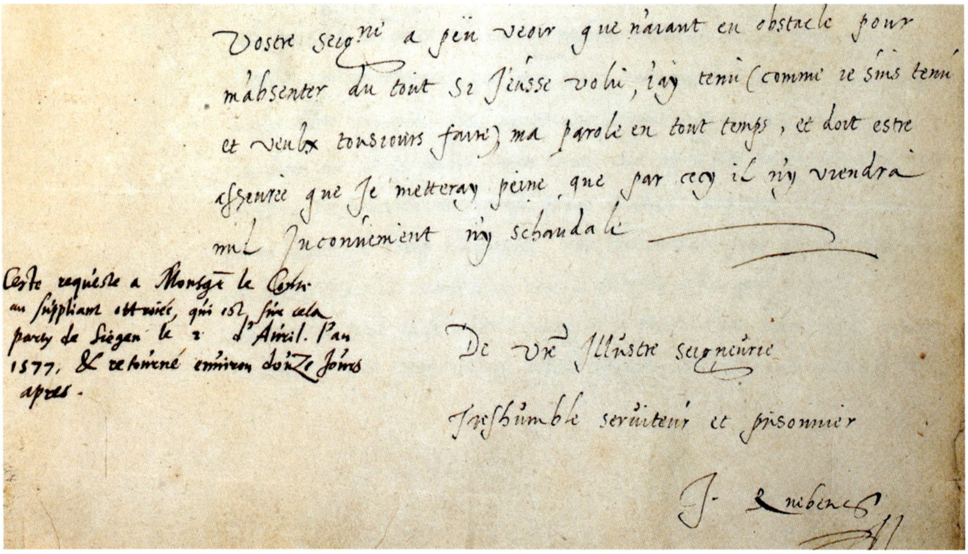
Vostre seig.rie a peu veoir que n'avant en obstacle pour
m'absenter du tout si j'eusse voulu, j'ay tenu (comme je suis tenu
et veulx tousiours faire) ma parole en tout temps, et doit estre
asseurée que je metteray peine, que par cecy il n'y viendra
nul inconvenient ny scandale

Ceste requeste a Monsgr le Conte
au suppliant ottroiée, qui est sorti ala
pariy de Siegen le 2 d'Avril. l'an
1577, & retourné environ douze jours
apres.

De vre Illustre seigneurie
Treshumble serviteur et prisonnier
J. Rubens

Afb. 24 Verzoekschrift van Jan Rubens (Appendix 8, detail).

Fig. 24 Petition from Jan Rubens (Appendix 8, detail).

de aartshertogen met Peter Paul Rubens in onderhandelingen moeten gekomen zijn over zijn aanstelling tot hofschilder, die volgde op 23 september 1609. Indien Filips Rubens probleemloos officiële erkenning van zijn nationaliteit en poorterschap kon krijgen, is er geen reden om aan te nemen dat dezelfde argumenten niet voor zijn jongere broer Pieter Paul zouden gegolden hebben, indien zijn nationaliteit of zijn poorterschap in vraag zouden gesteld zijn. Er is geen enkele aanwijzing dat die hem ooit betwist zijn. Het is zeker niet zijn toetreding tot het Sint-Lucasgild die een officiële erkenning van zijn poorterschap zou nodig gemaakt hebben. De ordonnantie van 1441 (!) voorzag dat wie meester wou worden poorter moest zijn of het worden, maar die was al van in de zestiende eeuw niet meer van kracht. De gevallen waarin deze regel niet is toegepast, zijn van in de zestiende eeuw talrijk en bekend.[132] Voor Pieter Paul Rubens was het behoud van het poorterschap van zijn ouders genoeg om hem zelf toe te laten daar zonder beperking van te genieten.

Jan Rubens genoot nog van groot aanzien te Antwerpen. Als zijn naam in officiële documenten vermeld wordt, wordt er steeds aan toegevoegd dat hij oud-schepen van de stad was. Het volstond dat de Antwerpse stadsmagistraat en de stadsgenoten er niet aan twijfelden dat Jan Rubens en zijn gezin continu in peis en vrede in Keulen hadden gewoond en dat zijn weduwe na zijn dood met haar kinderen naar hun vaderstad was teruggekeerd. Dat laatste was niet eens gelogen. Vandaar de hoger vermelde verklaringen van en voor Maria Pijpelinckx dat het echtpaar ononderbroken en probleemloos in Keulen had geleefd.

was relatively straightforward for Philip Rubens to become officially recognized as a citizen of Antwerp and Brabant, then his younger brother would most likely also have been able to settle the matter, should anyone have questioned it – which, as far as we know, never happened. He would certainly not have been required to provide proof of his citizenship upon entering Antwerp's Guild of St Luke. Although the guild ordinances of 1441 (!) stipulated that anyone wishing to qualify as a master must be or become a citizen of Antwerp, this rule was no longer in force, as is clear from numerous examples going back as far as the sixteenth century.[132] As the child of parents who had remained citizens of Antwerp, Peter Paul Rubens would in any case have been admitted to the guild without encountering any restrictions.

Jan Rubens was still held in high regard in Antwerp. Whenever his name appears in official documents, his former position as alderman of the city is mentioned. All that mattered was that the Antwerp administration and Jan Rubens's fellow townsmen accepted that the family had lived in Cologne peacefully and continuously, and that after Jan's death his widow had returned to their native city with her children. Maria and the children's return to Antwerp was certainly a fact. Hence the testimonies mentioned above, from and for Maria Pijpelinckx, stating that the couple had enjoyed an uninterrupted and trouble-free existence in Cologne.

It is no coincidence that this point is stressed both by Jan Brant in his *Vita* of Philip Rubens, and by Philip the Younger in his biography of Peter Paul Rubens.

Het is geen toeval als zowel de *Vita* van Filips Rubens door Jan Brant en die van Pieter Paul Rubens door Filips de Jongere daar sterk de nadruk op leggen. De jaren in gevangenschap en het huisarrest te Siegen van Jan Rubens werden verzwegen, overigens niet alleen uit eigenbelang. Johan van Nassau, beducht voor de ruchtbaarheid die aan de affaire kon worden gegeven, heeft van begin tot einde Jan Rubens tot totale discretie gedwongen, tot zelfs in de overeenkomst van mei 1578.[133] Daarin werd hem verboden naar de Nederlanden terug te keren. Hij is dan ook in ballingschap gestorven. Zijn weduwe en zijn kinderen hadden er vanzelfsprekend geen belang bij om de misstap van hun vader en de bestraffing ervan aan de grote klok te hangen. De familie Pijpelinckx was beslist al vroeg op de hoogte van de gebeurtenissen in Duitsland en betuigde waar mogelijk haar medewerking om Jan Rubens en zijn gezin ter hulp te komen. Hetzelfde geldt voor zijn halfbroer Filips de Lantmeter.[134]

Om de geboorte van Rubens in Antwerpen te kunnen verantwoorden, moest er een aanvaardbare reden kunnen worden vooruitgeschoven waarom de vrouw tweemaal Siegen verlaten had om elders haar kinderen op de wereld te brengen, en waarom dan voor Filips in Keulen, voor Pieter Paul in Antwerpen? De bewering dat Maria Pijpelinckx 'er voor koos om Pieter Paul (en ook Filips) ter wereld te zetten op een andere plaats dan in loco criminis, uitgerekend ook de geboorteplaats van Christina von Dietz, het levende gevolg van het overspel'[135] klinkt ongeloofwaardig. Men kan haar niet de vooruitziendheid toemeten dat haar kinderen in hun latere carrières zou-

The years in which Jan Rubens had been imprisoned, and his house arrest in Siegen, were carefully suppressed, and this was not just to protect the interests of the Rubens family. Afraid that the affair might become known to others, Johan of Nassau forced Jan Rubens to observe the utmost discretion from the moment of his arrest up to and including the agreement of May 1578.[133] It stipulated that he could not return to the Netherlands. Jan died in exile and naturally neither his widow nor his children wished to draw attention to their father's crime and imprisonment. The family of Maria Pijpelinckx certainly knew of the events in Germany from early on and made it clear that they wanted to help. The same goes for his half-brother Philip and the other members of the de Lantmeter family.[134]

Those who maintained that Rubens was born in Antwerp also needed to explain why Maria Pijpelinckx should have left Siegen twice in order to give birth to her babies elsewhere. And why, then, had she gone to Cologne for Philip's birth, and to Antwerp for Peter Paul's? The reasoning that Maria Pijpelinckx 'chose to give birth to Peter Paul (as well as to Philip) away from the scene of the crime, which of all places was also the place of birth of Christina von Dietz, the child born from the adulterous union',[135] seems unconvincing. It is hard to believe that she would have foreseen that being born in Siegen could prove a hindrance to her children in later life. It thus became important to think of another reason why Maria Pijpelinckx had felt obliged to travel to Antwerp, where she then gave birth to Peter Paul, because she happened to be there at the time, rather than because that

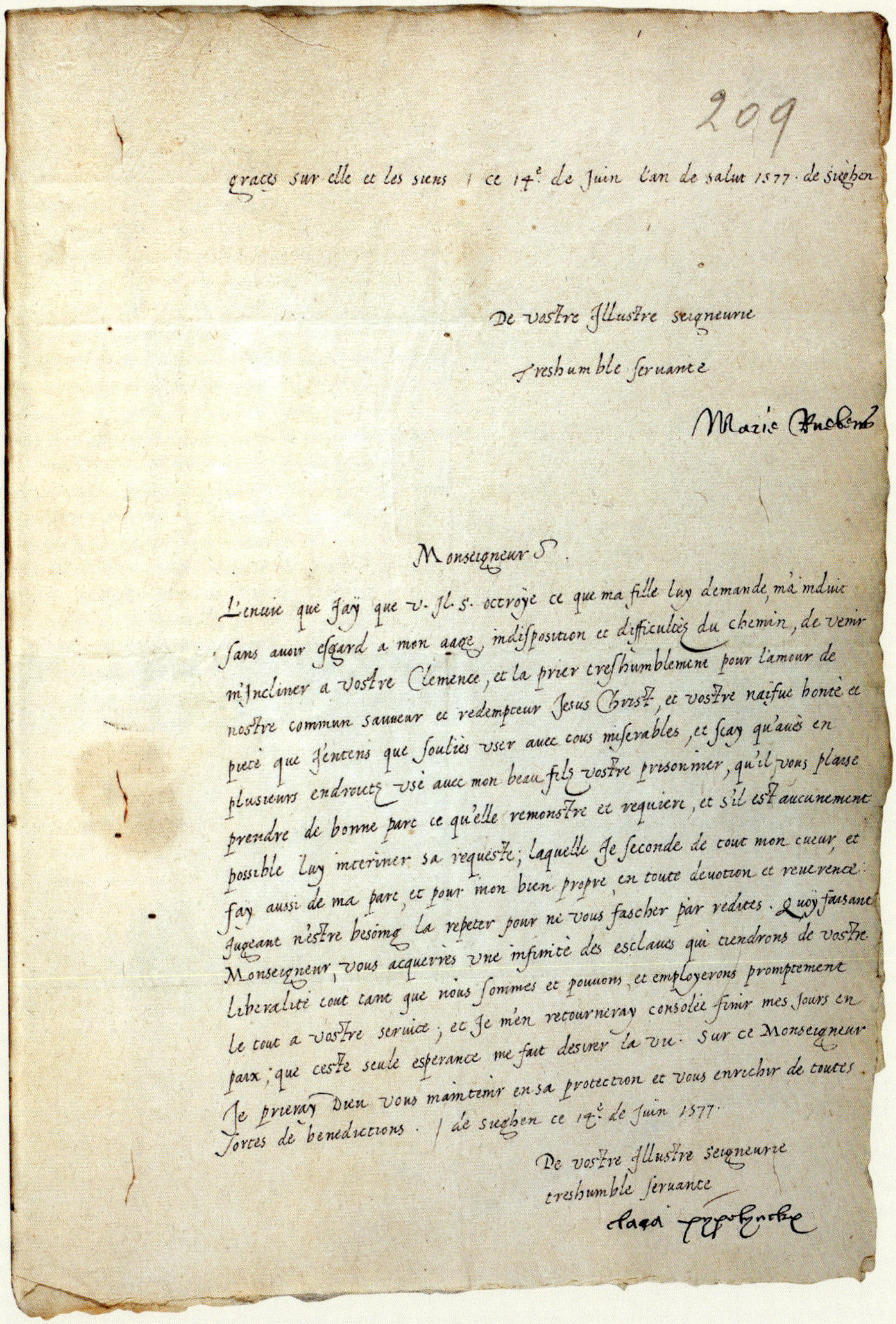

209

graces sur elle et les siens / ce 14e de Juin l'an de salut 1577 · de Sieghen

De vostre Illustre seigneurie
treshumble servante
Marie Rubens

Monseigneur S.

L'envie que j'ay que V. Il. S. octroye ce que ma fille luy demande, m'a induit sans avoir esgard a mon aage, indisposition et difficultés du chemin, de venir m'incliner a vostre Clemence, et la prier treshumblement pour l'amour de nostre commun sauveur et redempteur Jesus Christ, et vostre naifue bonté et pieté que j'entens que souliés user avec tous miserables, et scay qu'avés en plusieurs endroicts usé avec mon beau fils vostre prisonnier, qu'il vous plaise prendre de bonne part ce qu'elle remonstre et requiert, et s'il est aucunement possible luy interiner sa requeste; laquelle je seconde de tout mon cueur, et fay aussi de ma part, et pour mon bien propre, en toute deuotion et reuerence. Jugeant n'estre besoing la repeter pour ne vous fascher par redites. Quoy faisant Monseigneur, vous acquerrés une infinité des esclaves qui tiendrons de vostre liberalité tout tant que nous sommes et pouuons, et employerons promptement le tout a vostre service; et je m'en retourneray consolée finir mes jours en paix; que ceste seule esperance me fait desirer la vie. Sur ce Monseigneur je prieray Dieu vous maintenir en sa protection et vous enrichir de toutes sortes de benedictions. / de Sieghen ce 14e de Juin 1577.

De vostre Illustre seigneurie
treshumble servante
Clara [illegible]

**Afb. 25** Smeekschrift van Maria Pijpelinckx en Clara Tovion aan Johan van Nassau (Appendix 10).

Fig. 25 Petition from Maria Pijpelinckx and Clara Tovion to Johan van Nassau (Appendix 10).

den gehinderd worden als zij in Siegen geboren zouden geweest zijn. Er moest dus een andere reden gezocht worden waarom Maria Pijpelinckx genoodzaakt was geweest naar Antwerpen te reizen, met als ongewild gevolg, eerder dan als intentie, de geboorte daar van Pieter Paul Rubens. Die werd gevonden door Génard in de afwikkeling van de nalatenschap van de stiefvader van Jan Rubens. Deze theorie is, met enige wijzigingen, overgenomen door Rombaut en Tijs, met dien verstande dat Génard uit de beschikbare bronnen meende te mogen besluiten dat Maria Pijpelinckx in mei 1577 in Antwerpen was geweest, terwijl de recente theorie het ganse gebeuren naar 1576 verschuift.[136]

Na de dood van Jans natuurlijke vader Bartholomeus Rubens (afb. 26) tussen 1531 en 1535, was zijn moeder Barbara Arents (afb. 27) hertrouwd met de Antwerpse koopman in specerijen Jan de Lantmeter. Ook hij bracht uit een eerste huwelijk een kind mee, Katelijne. Samen had het echtpaar nog drie kinderen, Filips, Barbara en Jacqueline. Omstreeks 1564 werd Jan de Lantmeter opnieuw weduwnaar. Op 5 juli 1566 ondertekende hij zijn testament.[137] Daarin benoemde hij de vijf kinderen, met inbegrip van zijn stiefzoon Jan Rubens, op gelijke voet tot erfgenamen van zijn niet onaanzienlijk fortuin. Uiteraard was deze laatste daarvan al sedert 1566 op de hoogte, een niet onbelangrijk detail in de verdere interpretatie. Rombaut en Tijs geven verkeerdelijk als datum voor het testament 6 augustus 1576 en stellen dat Jan Rubens pas kort na 17 mei 1576 'op de hoogte werd gebracht van het feit dat hij werd bedacht in het testament'.[138]

was her intention. Génard proposed that the purpose of Maria's visit was to wind up the estate of Jan Rubens's stepfather.[136] This theory has been adopted with a few changes by Rombaut and Tijs, albeit that they moved back to 1576 the date of Maria Pijpelinckx's trip to Antwerp, which by Génard's account took place in May 1577.

Following the death of Jan's natural father Bartholomeus Rubens (fig. 26), between 1531 and 1535, his mother Barbara Arents (fig. 27) married the Antwerp spice merchant Jan de Lantmeter, who also had a child, Katelijne, from a previous marriage. Together the couple had three more children, Philip, Barbara and Jacqueline. In around 1564 Jan de Lantmeter became a widower for the second time. He signed his will on 5 July 1566,[137] making his five children equal heirs to his considerable fortune. The arrangement included his stepson Jan Rubens, who – and this is an important point for the remainder of the discussion – knew what was stipulated by the will from the moment of its creation in 1566. Rombaut and Tijs wrongly give the date of the will as 6 August 1576 and suggest that Jan Rubens was 'informed of the fact that he was a beneficiary in the will' only shortly after 17 May 1576.[138]

It is clear from the way Jan Rubens dealt with the estate that he knew of the provisions in his stepfather's will. The testament had been drawn up before Jan left Antwerp and its contents were no doubt communicated to all potential beneficiaries at the time. The actions of the Pijpelinckx family show that they took a close interest in Jan Rubens's financial situation and it seems that people have perhaps not paid sufficient attention to how

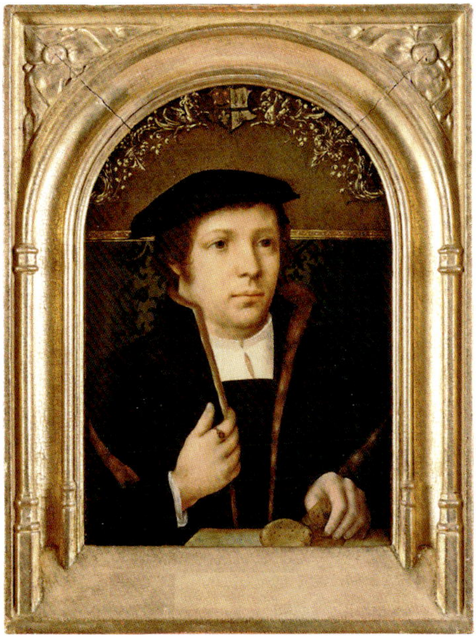

Afb. 26 J. Claesz. Van Utrecht, *Portret van Bartholomeus Rubens*, Antwerpen, Rubenshuis.

Fig. 26 J. Claesz. Van Utrecht, *Portrait of Bartholomeus Rubens*, Antwerp, Rubenshuis.

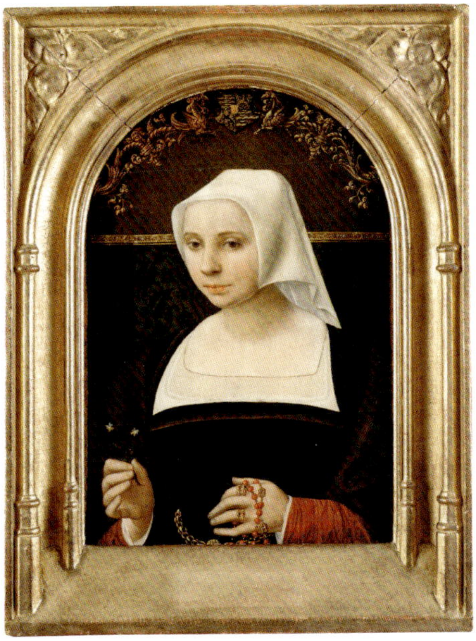

Afb. 27 J. Claesz. Van Utrecht, *Portret van Barbara Arents*, Antwerpen, Rubenshuis.

Fig. 27 J. Claesz. Van Utrecht, *Portrait of Barbara Arents*, Antwerp, Rubenshuis.

Het is uit de handelwijze van Jan Rubens ten aanzien van de erfenis duidelijk dat hij van de bepalingen van het testament van zijn stiefvader op de hoogte was. Dat was nog opgesteld voordat hij Antwerpen had verlaten en was ongetwijfeld aan alle potentiële erfgenamen bekend. De acties van de familie Pijpelinckx tonen aan dat zij rechtstreeks geïnteresseerd waren in de financiële situatie van Jan Rubens. Men heeft zich misschien te weinig de vraag gesteld waar Maria Pijpelinckx in 1573 het geld heeft gehaald om het losgeld voor haar man te betalen. De meest voor de hand liggende oplossing is dat haar ouders en haar oom Denijs haar dat geleend hebben, met als onderpand het erfdeel van Jan Rubens.

Maria Pijpelinckx found the money to pay the ransom for her husband in 1573. The most obvious answer is that she borrowed the money from her parents and uncle Denijs, against the portion of Jan Rubens.

The exact date of Jan de Lantmeter's death is not known. Since a first meeting between his heirs took place on 17 May 1576,[139] he probably died not long before this, in late 1575 or early 1576. His wish to be buried with his second wife in the church of the Beghards,[140] was probably carried out, but this church was demolished as soon as 1580 to make room for a new street that was being built.[141] In May 1576 at the latest, Jan Rubens received news in Siegen of his stepfather's death. The news immediately prompted him for-

De datum van het overlijden van Jan de Lantmeter is niet bekend. Omdat een eerste overeenkomst tussen zijn erfgenamen plaats vond op 17 mei 1576,[139] is hij wellicht kort tevoren gestorven, eind 1575 of begin 1576. Waarschijnlijk is er gevolg gegeven aan de in zijn testament uitgesproken wens om bij zijn tweede vrouw begraven te worden in de kerk der Beggaarden,[140] maar die werd reeds in 1580 gesloopt om plaats te maken voor een nieuw aangelegde straat.[141] Ten laatste in mei 1576 vernam Jan Rubens in Siegen het nieuws van de dood van zijn stiefvader. Hij reageerde daar onmiddellijk op door op 31 mei van dat jaar te Siegen voor getuigen een schuldbekentenis voor 8.000 daalders te ondertekenen aan zijn vrouw (afb. 28-29).[142] Hij verklaarde haar dat bedrag verschuldigd te zijn als terugbetaling van de som die zij had voorgeschoten om hem uit de gevangenis te verlossen. Zij had die bijeengebracht uit eigen middelen en door geld te lenen. Daarom droeg hij haar onmiddellijk al zijn bezittingen over, inclusief wat hij van zijn moeder en zijn stiefvader geërfd had. Hij vertrouwde erop dat zij wat er na betaling van de schuld zou overblijven aan hun kinderen zou doen toekomen. Daarenboven benoemde hij haar tot voogd over hun kinderen.

Jan Rubens was zich bewust van zijn precaire juridische situatie. Als gevangene was het hem onmogelijk om een testament of andere officiële documenten te laten bekrachtigen, en de formule die hij had gevonden, een eigenhandig geschreven en door twee getuigen bevestigde verklaring, was wellicht niet helemaal rechtsgeldig. Het document was blijkbaar bestemd om de schuldeisers van Maria

mally to acknowledge a debt to his spouse: on 31 May of the same year he signed a document before witnesses in Siegen declaring that he owed her 8,000 thalers (figs. 28-29).[142] He declared that this was the sum she had secured to release him from prison, having used her own savings as well as taking out a loan. He therefore transferred all of his possessions to her immediately, including the money he had inherited from his mother and stepfather. He trusted her to transfer any funds left over, after the debt had been cleared, to their children. In addition he appointed her as guardian of their children.

Jan Rubens was aware of the legally delicate position he found himself in as a prisoner: he had no right to authorize his own will or any other official documents, and the formula he had found – a handwritten statement signed by two witnesses – was probably not entirely valid. It seems that he composed the document to assure his wife's creditors that she would soon be able to reimburse them with an inheritance from his parents. The important question is, how was the document used? According to Génard,[143] and Rombaut and Tijs,[144] Maria Pijpelinckx took the document with her on the alleged trip to Antwerp and used it to represent her husband at the partition of the estate of Jan de Lantmeter as well as to implement a few other financial transactions. This is contradicted by the surviving documents. As early as 17 May 1576, that is two weeks before Jan Rubens signed his promissory note, the heirs of Jan de Lantmeter had a meeting to discuss how the estate should be divided. When they reached a final agreement about the partition on 6 August 1576,[145] Jan Rubens's

Pijpelinckx de zekerheid te geven dat zij die door de erfenis van zijn ouders in de nabije toekomst zou kunnen terugbetalen. Welk gebruik is er gemaakt van het document? Volgens Génard[143] en Rombaut en Tijs[144] had Maria Pijpelinckx het document mee bij haar vermeende reis naar Antwerpen en gebruikte zij het daar om haar echtgenoot te vertegenwoordigen in de verdeling van de nalatenschap van Jan de Lantmeter en enkele andere zakelijke transacties. De bewaarde documenten spreken dit tegen. Reeds op 17 mei 1576, dus twee weken voordat Jan Rubens zijn schuldbekentenis ondertekende, waren de erfgenamen van Jan de Lantmeter een eerste maal bijeengekomen om over de verdeling tot een akkoord te komen. Toen zij op 6 augustus 1576 daarover een definitieve overeenkomst bereikten,[145] werd de naam van Jan Rubens niet eens vermeld. Zijn aandeel wordt beschreven als toekomend aan de kinderen van Maria Pijpelinckx. Zij werden vertegenwoordigd door Hendrik Pijpelinckx, hun grootvader (afb. 30). Hij had daarvoor weliswaar geen uitdrukkelijk mandaat, maar hij maakte zich sterk voor hen te kunnen optreden, en dat werd door de andere erfgenamen aanvaard. In tegenstelling tot wat is voorgehouden, bewijst het document van 6 augustus 1576 pertinent dat Maria Pijpelinckx op die dag niet in Antwerpen was. Als zij aanwezig was geweest, al dan niet door haar man gelegitimeerd, zou dat ongetwijfeld in het document vermeld zijn geworden. Zij kan evenmin een rol hebben gespeeld in het initiatief van haar oom Denijs Pijpelinck om op 13 juli 1576 een herberekening te vragen van een rente op de stadsobligatie die Jan Rubens op 27 juni 1565 had gekocht.[146] Ten onrechte is dit stuk geïnterpreteerd als een

name was not even mentioned. His portion is described as allocated to the children of Maria Pijpelinckx. These were represented by their grandfather Hendrik Pijpelinckx (fig. 30), who did not have a mandate as such but was keen to represent them, which the other beneficiaries accepted. Contrary to what has been suggested, the document of 6 August 1576 clearly shows that Maria Pijpelinckx was not in Antwerp on that day, for if she had been – with or without a warrant from her husband – it would certainly have been mentioned in the document. Equally she cannot have been involved in her uncle Denijs Pijpelinckx's request, dated 13 July 1576, that the interest from a municipal bond bought by Jan Rubens on 27 June 1565 be recalculated.[146] This document has been wrongly interpreted as evidence that the interest was paid out. As Génard already acknowledged, the interest was in fact not paid until many years later.[147]

Jan Rubens's promissory note of 31 May 1576 was followed by a second deed the following day, this time written and signed by Maria Pijpelinckx herself and attested by the same two witnesses (fig. 31). This document stipulates that the debt of 8,000 thalers would be waived if Maria were to die before her husband[148] – in which case the latter would be obliged to split the money instantly between their five children, giving them each the sum of 1,600 thalers. It is clear that the complementary deeds were drawn up purely in order to have a legal arrangement in place, and not in anticipation of death through illness. It would be wrong to conclude from the documents that Maria Pijpelinckx considered her life to be in danger from her pregnancy (at least her sixth) or the fact

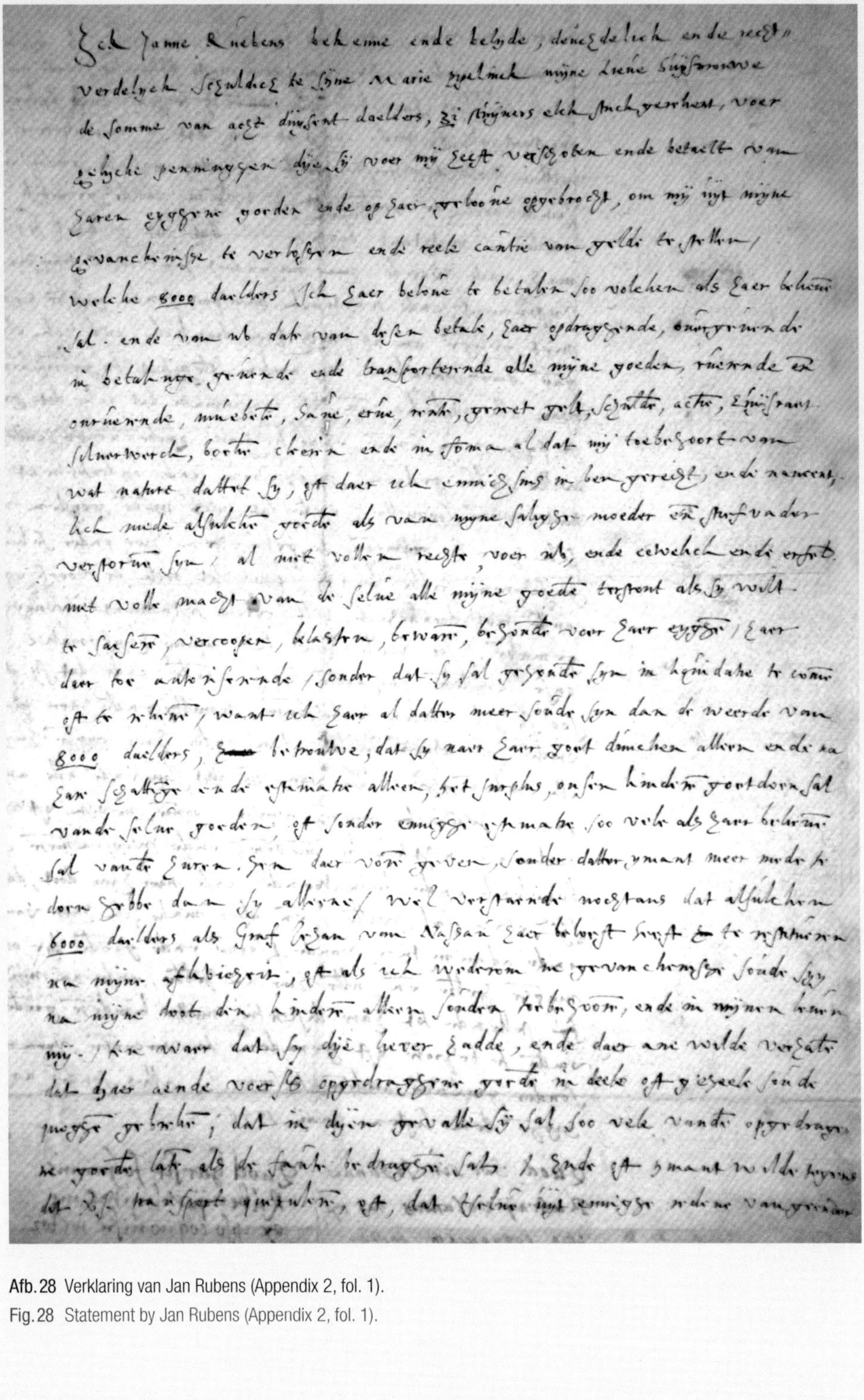
Ich Janne Rubens bekenne ende belyde, deuchdelick ende recht-
verdelyck schuldich te syne Marie Pypelinck mijne lieve huysvrouwe
de somme van acht duysent daelders, ii stuyvers elck stuck gerekent, voer
gelycke penninghen dye sy voer mij heeft verschoten ende betaelt van
haren eyghene gorden ende op haer oorloone opgebrocht, om mij uyt mijne
gevanckenisse te verlossen ende reele cautie van gelde te stellen,
welcke 8000 daelders Ich haer belove te betalen soo voelen als haer believen
sal. ende van nu dat van desen betale, haer opdraghende, overgevende
in betalinge, gevende ende transporterende alle mijne goeden, roerende ende
onroerende, inhebben, have, erve, renten, gereet gelt, schulden, actien, huysraet,
silverwerck, borden cleeren ende in somma al dat mij toebehoort van
wat nature dattet sy, oft daer ich enniechsins in ben gerecht, ende namentlijck
ooc mede alsulcke goede als van mijne salyger moeder ende stiefvader
versterven syn, al met vollen rechte, voer nu, ende eeuwelick ende erfelick
met volle machte van de selve alle mijne goede terstont als sy wilt
te haelen, vercoopen, belasten, bewaren, begonde voer haer eyghen / haer
daer toe autoriserende / sonder dat sy sal gehouden syn in hoedanich te comen
oft te rekenen, want ich haer al datter meer soude syn dan de weerde van
8000 daelders, betrouwe, dat sy naer haer goet duncken alleen ende na
haer schattinge ende estimatie alleen, het surplus, onsen kinderen voort deelen sal
vande selve goeden, oft sonder enniger estimatie soo vele als haer believen
sal vande haren. hem daer voor geven, sonder datter yemant meer mede te
doen hebbe dan sy alleene / wel verstaende nochtans dat alsulcken
6000 daelders als Graf Johan van Nassau haer belooft heeft ende te restitueren
na mijne afflivicheit, oft als ich wederom in gevanckenisse soude syn
na mijne doot den kinderen alleen souden toebehooren, ende in mijnen heere
mij. Item waer dat sy dye liever hadde, ende daer aen wilde vergaten
dat dyer aende voers. opperdraghinge werde in deele oft geheele souden
mogen gebreken, dat in dyen gevalle sy sal soo vele vande opperdraging
ne gorde laten als de saecke bedragen sal. / Ende oft yemant wilde seggen
dat dit transport quyt wilt, oft, dat selve uyt enniger redene van geender

**Afb. 28** Verklaring van Jan Rubens (Appendix 2, fol. 1).

**Fig. 28** Statement by Jan Rubens (Appendix 2, fol. 1).

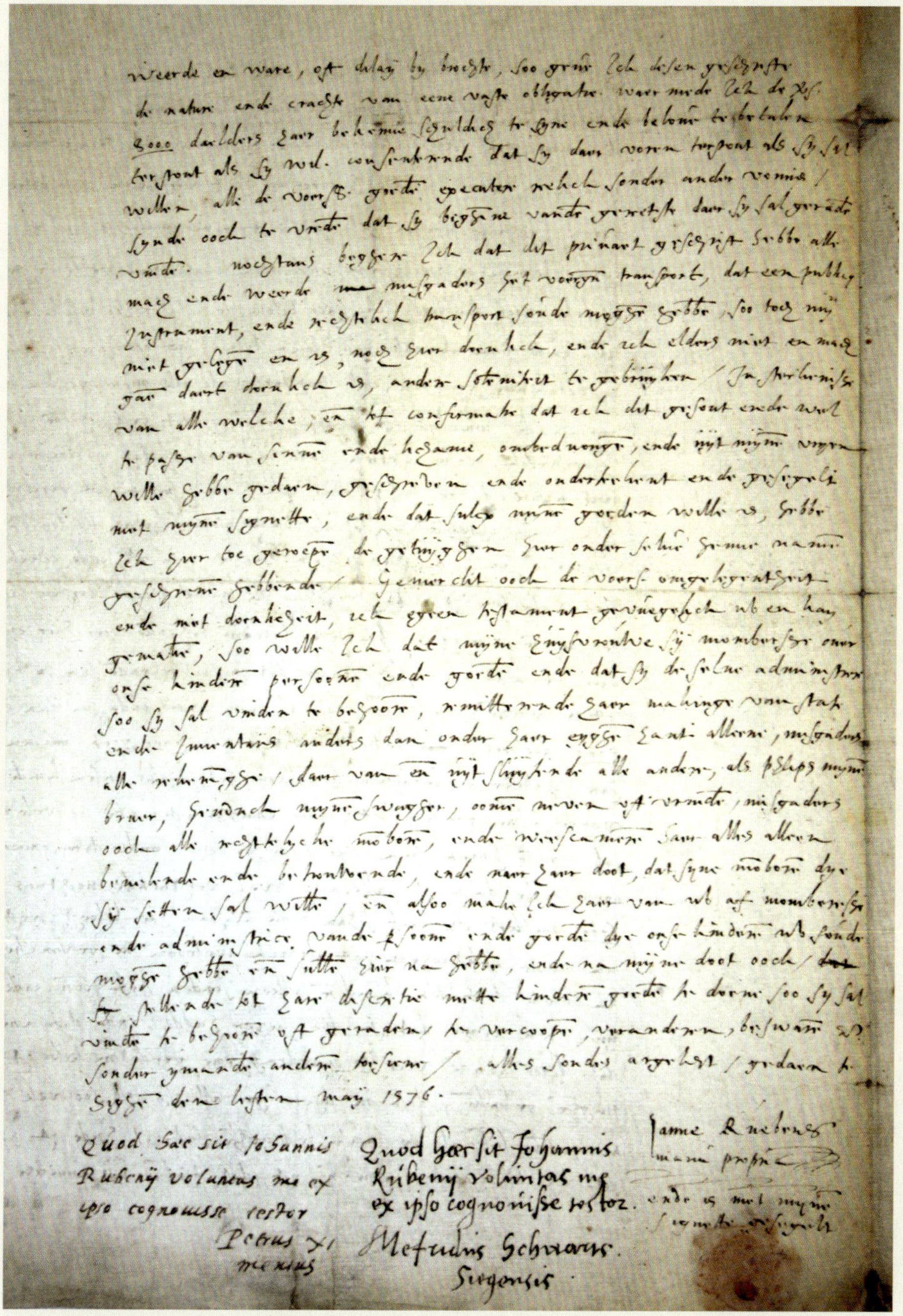

**Afb. 29** Verklaring van Jan Rubens (Appendix 2, fol. 1v).

Fig. 29 Statement by Jan Rubens (Appendix 2, fol. 1v).

bewijs van een uitbetaling van deze rente. Zoals Génard reeds erkend heeft, is deze rente pas jaren later uitbetaald.[147]

Een dag na de schuldbekentenis van 31 mei 1576 werd te Siegen door dezelfde twee getuigen een ander document bevestigd, dat nu door Maria Pijpelinckx eigenhandig geschreven en ondertekend was (afb. 31). Hierin werd gestipuleerd dat de schuld van 8000 daalders werd kwijtgescholden indien zij vóór haar man zou sterven.[148] Hij moest het geld dan wel onmiddellijk verdelen onder hun vijf kinderen, 1600 daalders elk. Het is duidelijk dat de twee alternatieven enkel een juridische betekenis hebben en niet vooruitlopen op gebeurtenissen die men in de nabije toekomst werkelijk verwachtte. Men mag uit de twee documenten niet besluiten dat Maria Pijpelinckx zich door haar zwangerschap (ten minste de zesde) en een geplande reis (die er niet was) in doodsgevaar achtte en het is al even onwaarschijnlijk dat zij rekening hield met de mogelijkheid dat haar kinderen in de nabije toekomst plotseling allen zouden om het leven komen.[149]

Zeer waarschijnlijk zijn beide documenten, de schuldbekentenis en de kwijtschelding, niet gebruikt geworden. Het eerste was vele jaren later, op 25 april 1588, toen Jan Rubens al dood was, nog steeds in het bezit van Maria Pijpelinckx. Zij liet de handtekeningen van de twee getuigen door de stadsmagistraat van Keulen legitimeren.[150] Welke bedoeling zij daarmee had, is niet duidelijk. Beide stukken zijn in de archieven van de familie Rubens gebleven. De schuldbekentenis wordt in de Archieven van Havre bewaard, de kwijtschelding is in 1892

that she had to make a journey (which in fact she did not) and it is just as improbable that she was seriously considering the possibility that her children might all die in the foreseeable future.[149]

In all probability neither the promissory note nor the deed of remission were ever acted upon. We know that Maria Pijpelinckx still possessed the document many years later and that she had the signatures of the two witnesses legitimized by Cologne's city magistrate on 25 April 1588,[150] at which point Jan Rubens was already dead. It is not clear why she took this step. Both deeds remained in the archives of the Rubens family. The promissory note was bought in 1892 for the Felix archives from an unknown private collector, but it must originally have come from the same source as the promissory note.

The partition of Jan de Lantmeter's estate was executed by his beneficiaries in accordance with their mutual agreement of August 1576, without the intervention of either Jan Rubens or his wife. This is confirmed by several documents in the Antwerp archives. On 12 September 1583, Maria Pijpelinckx sold a house that had been bequeathed to her children,[151] on 18 February 1584 she signed an agreement with Jan's half sister Katelijne,[152] and a few days later, with his half brother Philip [153] – each of these actions were in accordance with the terms of the 1576 partition agreement.

In April 1577 Jan Rubens asked Johan of Nassau for permission to spend a few days in Cologne so that he could sort out some affairs (Fig. 24).

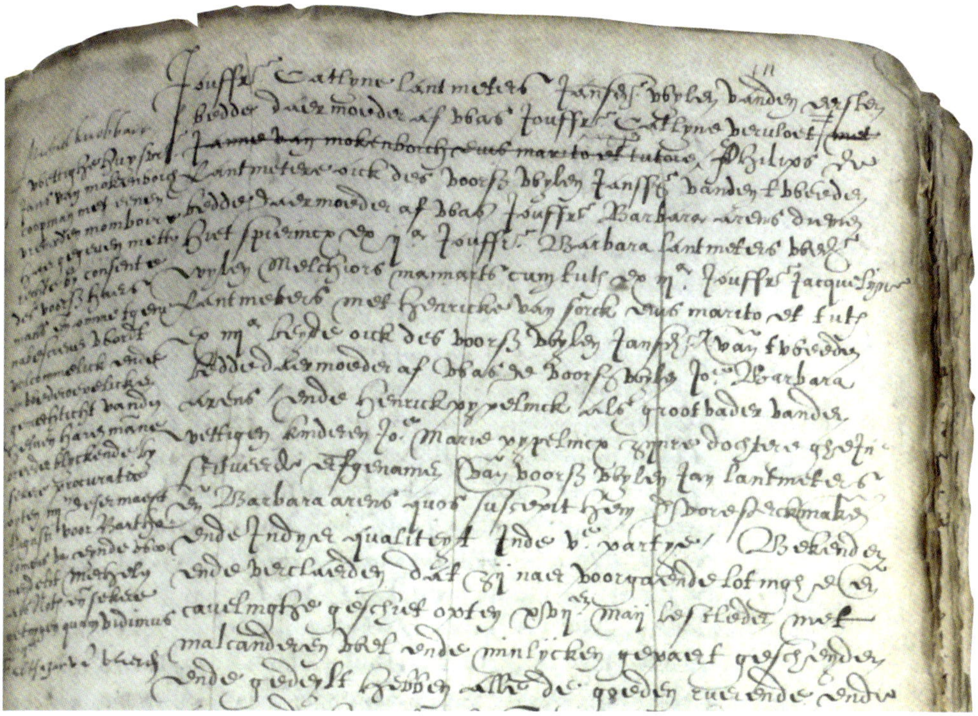

Afb. 30 Verdeling van de nalatenschap van Jan de Lantmeter (Appendix 5, detail).
Fig. 30 Repartition of the estate of Jan de Lantmeter (Appendix 5, detail).

door Génard uit een privéverzameling voor het Felixarchief aangekocht, maar de kans is groot dat het dezelfde herkomst heeft als de schuldbekentenis. De verdeling van de nalatenschap van Jan de Lantmeter werd door de erfgenamen doorgevoerd op de manier zoals zij het in augustus 1576 hadden voorzien en zonder de tussenkomst van Jan Rubens of zijn vrouw. Enkele documenten in de Antwerpse archieven bevestigen dit. Op 12 september 1583 verkocht Maria Pijpelinckx een huis dat aan haar kinderen was toegewezen geworden,[151] op 18 februari 1584 sloot zij een overeenkomst met Jans stiefzuster Katelijne,[152] en enkele dagen later met zijn halfbroer Filips, [153] telkens in uitvoering van de verdeling.

On the ensuing visit he drew up a mandate, dated 26 April 1577, in which he authorized Maria Pijpelinckx, her father Hendrik and her uncle Denijs as well as his half brother Philip de Lantmeter to represent him and his children in all matters, in particular to administer the assets left to them by his mother and stepfather. The document produced by Cologne's city magistrates contains a curious note in the margin, from which we can infer that two copies of the deed were issued, one that mentions the guardianship of the children and another that omits this passage. Presumably the passage in question was felt to be unsuitable to be read by Johan of Nassau. It is also worth noting that the document still refers to Jan Rubens as a citizen and resident of Antwerp.[154]

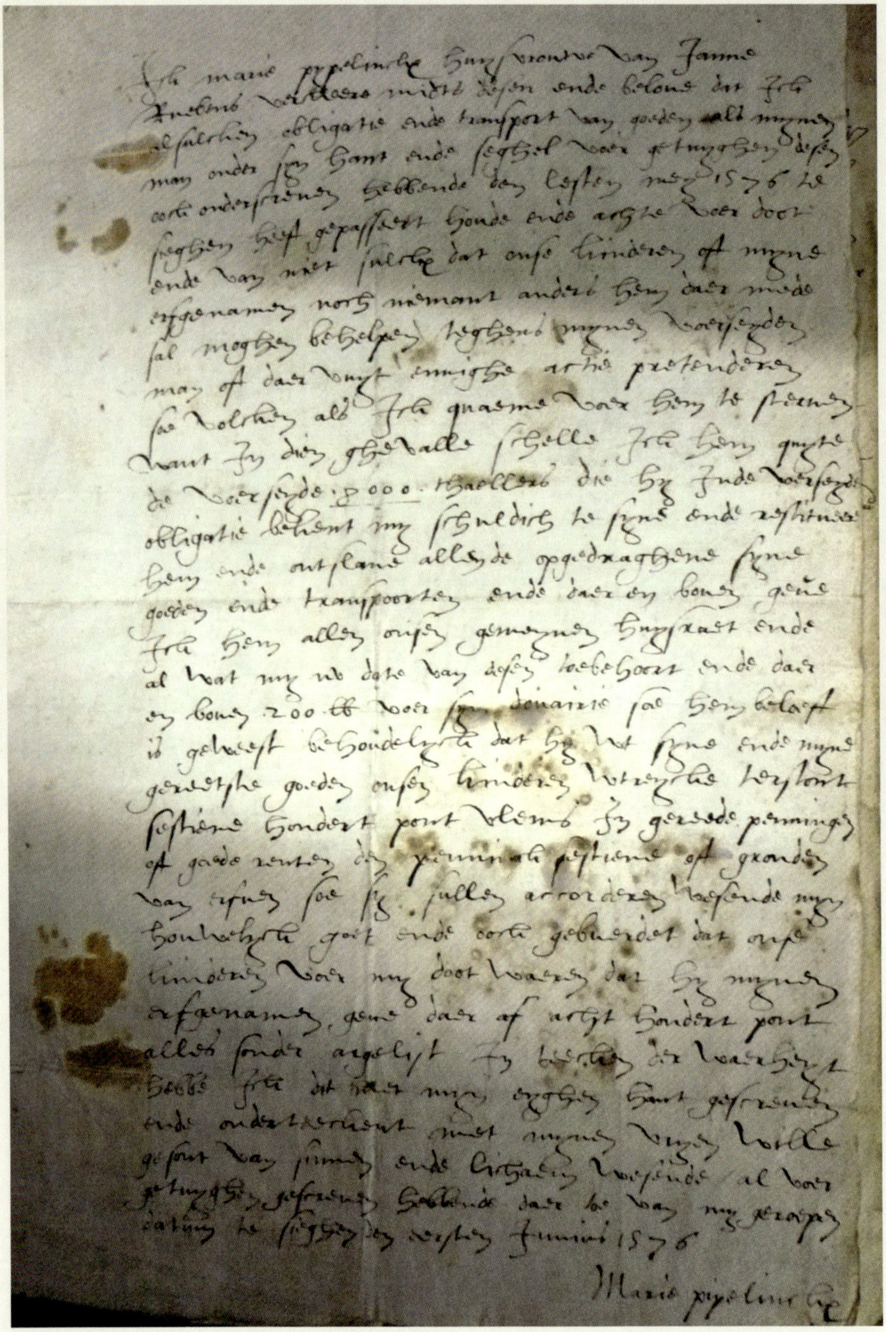

**Afb. 31** Verklaring van Maria Pijpelinckx, (Appendix 3, fol. 1).

**Fig. 31** Statement by Maria Pijpelinckx, (Appendix 3, fol. 1)

In april 1577 vroeg Jan Rubens aan Johan van Nassau toestemming om voor enkele dagen naar Keulen te gaan om er zijn zaken te behartigen (afb. 24) en maakte van dit bezoek gebruik om op 26 april 1577 een volmacht op te stellen voor Maria Pijpelinckx, voor haar vader Hendrik en haar oom Denijs en voor zijn halfbroer Filips de Lantmeter om hem en zijn kinderen in alle aangelegenheden te vertegenwoordigen, in het bijzonder voor het beheer van de goederen die hun waren nagelaten door zijn moeder en zijn stiefvader. Het attest van de Keulse stadsmagistraat bevat een merkwaardige marginale notitie, waaruit men kan afleiden dat er twee versies werden uitgeschreven, één waarin verwezen werd naar de voogdij over de kinderen, en een waarin die passus was weggelaten. Vermoedelijk moest hij beter niet onder de aandacht van Johan van Nassau komen. Terloops kan worden opgemerkt dat in het document Jan Rubens nog steeds een burger en inwoner van Antwerpen genoemd wordt.[154]

Intussen was er een en ander gebeurd. In januari 1577 was te Siegen een uitvoerig geargumenteerd smeekschrift aan Willem van Oranje overhandigd.[155] Daarin werd gevraagd dat Jan Rubens terug naar zijn vaderland mocht keren of ten minste een gunstiger verblijfplaats dan Siegen zou toegewezen krijgen. Als Maria Pijpelinckx in haar brief aan Johan van Nassau van 14 juni 1577 spreekt van de onverwachte gelegenheid die zij heeft gehad om een smeekbede tot Willem van Oranje te kunnen richten,[156] heeft zij het natuurlijk daarover, niet over een gesprek dat zij ergens in de Nederlanden met de prins zou hebben gehad.[157] Het verzoekschrift van januari was nog onbeant-

In the meantime, a few developments had taken place. In January 1577 a petition with a lengthy argument was presented to William of Orange in Siegen.[155] It requested that Jan Rubens be allowed to return to his homeland, or at least be transferred to a more suitable place than Siegen. In a letter of 14 June 1577, Maria Pijpelinckx writes to Johan of Nassau that she has had an unexpected opportunity to make an appeal to William of Orange,[156] by which she evidently means that she has handed the prince her petition, not that she has had a private audience with him somewhere in the Netherlands.[157] The petition of January had produced no response. On 16 April 1577 Jan Rubens insisted with Philip Marnix van Sint-Aldegonde to hand the prince another letter, in which he begged for a positive response to his request of several months earlier.[158] Marnix replied on 18 May that he had not yet found a suitable moment to do so, and he urged Jan Rubens to be patient for a little longer. But Jan Rubens was tired of waiting. On 14 June 1577 Maria Pijpelinckx and her mother wrote another request to Johan of Nassau (Fig. 25), asking again if Jan Rubens could be allowed to return to his homeland. They even put in some concrete proposals: the village of Nispen, near Bergen-op-Zoom where the Pijpelinckx family had a country residence, or Lier where Maria's parents owned a house.[159] Other possible places they suggested were Aachen, Duisburg or Julich.

As Marnix van Sint-Aldegonde predicted, William the Silent left it to his brother Johan to provide a response to the pleas and Johan gave his agents the task of brokering a settlement with the woord gebleven. Op 16 april 1577 drong Jan Rubens er bij Filips Marnix van Sint-Aldegonde op aan dat hij een brief aan de prins zou voorleggen waarin opnieuw een gunstig antwoord werd gevraagd op de vraag van enkele maanden tevoren.[158] Marnix had daarvoor, zo antwoordde hij op 18 mei, nog geen gunstige gelegenheid gevonden en spoorde Jan Rubens aan nog wat geduld te hebben. Dat bleek inderdaad te ontbreken. Op 14 juni 1577 schreven Maria Pijpelinckx en haar moeder samen opnieuw een verzoekschrift aan Johan van Nassau (afb. 25). Daarin werd de vraag herhaald dat Jan Rubens naar zijn vaderland zou mogen terugkeren. Er werden concrete voorstellen gedaan: het dorp Nispen, in de buurt van Bergen-op-Zoom, waar de familie Pijpelinckx een landhuis had, of Lier, waar Maria's ouders een huis bezaten.[159]Als alternatieven werden Aken, Duisburch en Julich voorgesteld.

Zoals Marnix van Sint-Aldegonde had voorspeld, werd het antwoord op deze vragen door Willem de Zwijger aan zijn broer Johan overgelaten. Deze belastte enkele ambtenaren ermee om met de betrokkene een overeenkomst te bereiken. Na lange onderhandelingen werd op 15 mei 1578 een protocol ondertekend, waarbij onder bijzondere voorwaarden aan Jan Rubens werd toegelaten Siegen te verlaten.[160] Kort nadien namen Jan Rubens en zijn gezin opnieuw hun intrek in Keulen. Zij woonden daar tot aan zijn dood op 1 maart 1587. Pas dan kon de terugkeer naar Antwerpen plaatsvinden. Die was ongetwijfeld al vroeger gepland en voorbereid door een campagne die moest overtuigen dat het nooit de bedoeling was geweest permanent Antwerpen te verlaten.

prisoner. After long negotiations a protocol was signed on 15 May 1578, which stated that Jan Rubens had permission to leave Siegen under special conditions.[160] Soon after this the family moved back to Cologne. Here they remained until Jan Rubens died on 1 March 1587. It was only then that Maria and her children were able to return to Antwerp. The event was no doubt carefully planned and a campaign was mounted to convince the outside world that it had always been Jan Rubens's intention to come back to Antwerp.

It is difficult to tell how much Jan Rubens's descendants actually knew about the occurrences in Germany – in particular the period of his captivity at Dillenburg and Siegen. Philip and Peter Paul Rubens were still very young when their parents moved back to Cologne from Siegen, but some of their older siblings had been born in Antwerp. Jan Baptist, the eldest son, would already have been more than ten when his father was imprisoned at Dillenburg, and he was a teenager while the family was living in Siegen. Probably all of the children would have remembered their German years to some extent. It is therefore hard to believe that none of them would have learnt about their father's transgression and its painful consequences. Maria Pijpelinckx succeeded in giving people in Antwerp the impression that the family had lived in Cologne the whole time and that the younger children had been born there. In this way she could conceal the fact that Jan Rubens had spent two years in prison at Dillenburg and five years in Siegen. In doing this she was not driven solely by a desire to protect the family's reputation;

Het is niet duidelijk in hoeverre de werkelijke toedracht van het verblijf in Duitsland, in het bijzonder de jaren in gevangenschap en in Siegen nog aan de nakomelingen van Jan Rubens bekend waren. Filips en Pieter Paul Rubens waren nog zeer jong op het ogenblik dat hun ouders van Siegen terug naar Keulen zijn getrokken, maar zij hadden oudere broers en zusters die nog in Antwerpen geboren waren. Jan Baptist, de oudste zoon, was al ouder dan tien jaar als zijn vader in Dillenburg gevangen zat, en hij heeft de jaren in Siegen als adolescent doorgemaakt. Allicht hebben de jaren in Duitsland op alle kinderen een blijvende indruk nagelaten. Het is moeilijk om te geloven dat zij allen onwetend zijn gebleven van de misstap van hun vader en de pijnlijke consequenties ervan voor de familie. Voor de latere generaties is dat minder evident. Maria Pijpelinckx is erin geslaagd om in Antwerpen te doen geloven dat haar man met zijn gezin ononderbroken in Keulen had gewoond en dat de jongere kinderen daar geboren waren en om te verbergen dat Jan Rubens twee jaar in Dillenburg in de gevangenis en vijf jaar in Siegen in arrest had doorgebracht. Dat is niet alleen gebeurd om de goede naam van de familie te bewaren. Johan van Nassau moest te allen prijze worden gerustgesteld dat er geen schandaal kon ontstaan. Slechts de families De Lantmeter en Pijpelinckx moesten in het geheim betrokken worden. Hieruit volgt wat wellicht het definitieve antwoord is op de voorstellen om Rubens in Antwerpen te doen geboren worden: indien dat zo geweest was, waarom zou de familie dan een fictieve geboorte in Keulen uitgevonden hebben?

Johan of Nassau had to be reassured at all costs that there was no risk of a scandal. Only two families, the De Lantmeters and the Pijpelinckx, are certain to have been involved in the secret. A definitive answer to the notion that Rubens was born in Antwerp may thus be found in this question: if he was indeed born there, then why would the family have gone to the trouble of persuading people that he was born in Cologne?

# APPENDIX

## APPENDIX 1[161]

**Antwerpen, 5 juli 1566 - Testament van Jan de Lantmeter**
**Antwerp, 5 July 1566 - Last will of Jan de Lantmeter**

Copye.
Inden name ons Heeren Amen. By desen tegewoirdighen openbaer instrumente sy condt ende kennelicken dat inden jare desselfs ons Heeren duysent vyfhondert ende zessentsestich den vyfsten dage in Julio compareerde voer die getuygen ende my openbaer notario onder genoempt die Eersame ende zeer discrete persoone, ingeseten ende poirter deser stadt van Antwerpen Sr Jan de Lantmeter, syn verstant, memorie ende sinnen ouer al wel machtich ende gebruyckende, alsoe doen openbaer wel bleeck ende scheen. Aenmerckende die broosheyt vander menschelicker natueren ende datter nyet sekerder en is dan die doot, ende nyet onsekerder dan die vre desselfs, heeft daeromme wel bedacht synde ende nyet verleyt oft geinduceert van iemande, met synen eygen vryen wille, goede deliberatien ende rype verstant van lanck te voeren alsoe hy seyde, van synen tytelicke goeden hem van god van hemelrycke op deser eerden verleent ende gegeuen, gemaect, geordineert ende gesloten, maket, ordineert ende sluytet mits desen syn testament ende vuytersten wille in die maniere ende vuege hier na volgende.

...

Inden yersten soe beueelt hy testateur voerseid zynder sielen soo wanneer die van deser eerden verscheyden sal gode almachtich, Marie zynder gebenedyder moedere ende alle dat hemelsche geselschap ende zyn doot lichaem der gewyder eerden, verkiesende zyn sepulture alhier tot Antwerpen in de Begaerden kercke by wylen zyn lieue huysvrouwe Barbara Spierinx, willende dat dat selfde zal worden begrauen met tortsen, ende die pelle van onser Lieuer Vrouwe bynnen Antwerpen, sonder eenighe groote pompoesicheyt.

...

Item voirts allen anderen synen goeden, haeffelicken, erffelicken, schulden, gereede penningen, gronden, erfuen ende allen anderen zynen goeden, sonder eenich uytgenomen te zijn, wilt hy voirseid testatoer Jan de Lantmetere dat sullen werdden gedeylt, hooft ende hooftsgelycke onder zyn kinderen, begrypende mede als een stake zyn behoude Sr. Jan Rubens ende ander sijn testators voor ende nakinderen, betaelt zynde alle legaten, gewettige schulden, costen van vuytvaerde etc., behalue dat hy voorseid Jan Rubbens sal stille staen ende nyet moghen pairten oft deylen ter tyt ende ter wylen tuwe iegelicke van die ander vier voirseide kinderen sullen verleken zyn tegen die twee hondert ponden Vlaems eens die welcke hy te huwelicke heeft gehadt. Ende daer in noch versien als dat hy voirseid Sr.Mr Jan Rubbens sal moeten blyuen besitten alsulcken aengestoruen goeden van desen tegenwoirdigen sterfhuyse in tochte oft tochtense gewyse sonder die selfde te mogen vercoopen, versettene, verminderen oft alieneren. Instituerende zyn voirseide Mr. Jan Rubbens gewettige kint oft kinderen met oick zyn testatoers voer ende nakinderen als zyn gerechtige erfgenamen jure institutionis, gheuende den voirseiden Mr Jan Rubbens alsulcken twee hondert pont vlaems eens als hy te huwelicke heeft gehadt voer zyn legittima portie.

...

Aldus geschiet alhier tot Antwerpen tot mynen huyse staende op onser Vrouwen kerckhof daer by ende ouer waren die eersame persoonen ende heeren heer Dierick van Bochoudt ende heer Gregorius de Bonte, beyde cappellanen tot Onser vrouwen voirseid hier tuwe als getuygen geroepen ende specialyke geboden.

## APPENDIX 2[162]

### Siegen, 31 mei 1576 - Verklaring van Jan Rubens over zijn schuld aan Maria Pijpelinckx
### Siegen, 31 May 1576 - Promissory note from Jan Rubens acknowledging his debt to Maria Pijpelinckx

Ick Janne Ruebens bekenne ende belijde, deuchdelick ende rechtverdelyck schuldich te sijne Marie Pipelinck, mijne lieue huijsvrouwe, de somme van acht duijsent daelders, 31 stuijvers elck stuck gerekent, voer gelycke penninghen dije sij voer mij heeft verschoten ende betaelt van haren eyghene goeden ende op haer gelooue opgebrocht, om mij uijt mijne gevanckenisse te verlossen ende reele cautie van gelde te stellen; welcke 8000 daelders ick haer beloue te betalen soo volcken als haer belieuen sal, ende van nv date van desen betale, haer opdraghende, ouergeuende, in betalinge geuende ende transporterende alle mijne goeden, ruerende ende onruerende, muebelen, haue, erue, renten, gereet gelt, schulden, actien, huijsraet, siluerwerck, boecken, cleeren ende in somma al dat mij toebehoort van wat nature dattet sij, oft daer ick ennichsins in ben gerecht, ende namentlick mede alsulcken goeden als van mijne salighe moeder ende stiefvader verstoruen sijn, al met vollen rechte, voer nu ende eewelick ende erfelijk, met volle macht van de selue alle mijne goeden terstont als sy wilt te saiseren, vercoopen, belasten, bewaren, behouden voer haer eyghen, haer daertoe autoriserende, sonder dat sy sal gehouden sijn in liquidatie te comen oft te rekenen, want ick haer al datter meer soude sijn dan de weerde van 8000 daelders, betrouwe dat sy naer haer goet duncken alleen ende na hare schattinge ende estimatie alleen, het surplus onsen kinderen goetdoen sal vande selue goeden, oft sonder ennighe estimatie soo vele als haer belieuen sal vanden haren, hen daervoren geven, sonder datter ymant meer mede te doen hebben dan sy alleene. Wel verstaende nochtans dat alsulcken 6000 daelders als Graf Jehan van Nassau haer beloeft heeft te restitueren na mijne aflivicheyt, oft als ick wederom in gevanckenissen soude sijn, na mijne doot den kinderen alleen souden toebehooren, ende in mijnen leuen mij, ten waer dat sy dije liever hadde, ende daer ane wilde verhalen dat haer aende voerseide opgedraghene goeden in deele oft geheele soude moghen gebreken; dat in dijen gevalle sij sal soo vele vanden opgedragene goeden laten als de faute bedraghen sal; ende oft ymant wilde tegens dit voorseide transport queruleren, oft dat tselve uijt ennighe redene van geender weerde en ware, oft dilaij by brochte, soo geue ick desen geschrifte de nature ende crachte van eene vaste obligatie waermede ick de voorseide 8000 daelders haer bekenne schuldich te syne ende beloue te betalen terstont als sy wil, consenterende dat sy daer vooren terstont als sy sal willen, alle de voerseide goeden executere reelick sonder ander vonnis, synde oock te vreden dat sy beghinne vanden gereetste daer sij sal geraden vinden. Nochtans beghere ick dat dit priuaet geschrift hebbe alle mach ende weerde misgaders het voorgenoemd transport, dat een publicq instrument ende rechtelick transport soude moghen hebben, soo toch mij niet gelegen en es, noch hier doenlick, ende ick elders niet en mach gaen daert doenlick is, andere solemniteit te gebruijken. In sterckenisse van alle welcke, ende tot confirmatic dat ick dit gesont ende wel te passe van sinne ende lichame, onbedwongen ende uijt mynen vryen wille hebbe gedaen, geschreven ende onderteeckent ende gesegelt met mynen signette, ende dat sulcx mynen goeden wille is, hebbe ick hier toe geroepen de getuijghen hieronder selue henne namen geschreuen hebbende. Gemerckt oock de voorseide ongelegentheit ende niet doenlicheit, ick egeen testament gevuegelyck nv en kan gemaken, soo wille ick dat mijne huijsvrouwe sij momborsse ouer onse kinderen persoonen ende goeden ende dat sy de selue administrere soo sy sal vinden te behooren, remitterende haer makinge van state ende inventaris anders dan onder haer eyghen hant alleene, misgaders alle rekeninghe, daer van ende uijt sluijtende alle andere, als Philips mynen bruer, Hendrick mynen swagher, oomen, neven oft vrinden, misgaders oock alle rechtelijcke momboren ende weescameren, haer alles alleen beuelende ende betrouwende, ende, naer haer doot, dat syne momboren dye sij setten sal willen, ende alsoo make ick haer van nv af momboresse ende administrice vande persoonen ende goeden dye onse kinderen nv soude moghen hebben ende sullen hier na hebben, ende na mijne doot oock, stellende tot hare discretie mette kinderen goeden te doene soo sy sal vinden te behooren oft geraden, te vercoopen, veranderen, beswaren etc, sonder ymanden anderen toesiene. Alles sonder argelist, gedaen te Sighen, den lesten maij 1576.

Janne Ruebens, manu propria, ende is met mijnen signette gesegelt.
Quod haec sit Johannis Rubenii voluntas me ex ipso cognouisse testor. Petrus Ximenius.
Quod haec sit Johannis Rubenii voluntas me ex ipso cognouisse testor. Mefridus Schwarts, Siegensis.

Nos Consules et Senatus Imperialis et liberae Ciuitatis Coloniae Agrippinae digna salutatione praemissa; notum facimus et attestamur Vniversis et Singulis praesentes literas visuris et legi audituris, Quod anno et die infra scriptis personaliter coram nobis ad instantiam honestae Mariae Pipelincx, viduae quondam Consultissimi viri Joannis Rubens, per Preconem nostrum more consueto citatus comparuerit Consultiis Petrus Ximenius, incola noster, qui ita constitutus ad manus nostras stipulando attestatus fuit, quod retro scriptam dispositionem per praedictum Johan Rubens, scribi et subscribi videret, eiusque mentem et voluntatem eam fuisse intellexerit, ideoque instar testis. Eandem dispositionem manus suae subscriptione confirmarit absque volo. In fidem horum secretum sigillum nostrum praesentibus imprimendum duximus. Data xxv. April. Anno lxxxviii.

## APPENDIX 3[163]

### Siegen, 1 juni 1576 -Verklaring van Maria Pijpelinckx over de schuld van Jan Rubens
### Siegen, 1 June 1576 Deed of remission by Maria Pijpelinckx clearing the debt of Jan Rubens

Ick Marie Pypelinckx, huysvrouwe van Janne Ruebens, vercleere midts desen ende beloue dat ick alsulcken obligatie ende transport van goeden als mynen man onder syn hant ende seghel voer getuyghen desen oock onderschreuen hebbende den lesten mey 1576 te Sieghen heeft gepasseert houde ende achte voer doot ende van niet, sulckx dat onse kinderen oft myne erfgenamen noch niemant anders hem daer mede sal moghen behelpen teghens mijnen voerseyden man oft daer vuyt ennighe actie pretenderen soe volcken als ick quaeme voer hem te steruen; want in dien ghevalle schelle ick hem quyte de voerseyde 8000 thaellers die hy inde voerseyde obligatie bekent my schuldich te syne ende restitueere hem ende ontslane allen de opgedraghene syne goeden ende transpoorten ende daer en bouen geue ick hem allen onsen gemeynen huysraet ende al wat my nv date van desen toebehoort ende daer en bouen 200 lb voor syn douairie soe hem beloeft is geweest, behoudelyck dat hy wt syne ende myne gereetste goeden onsen kinderen uytreycke terstont sestiene hondert pont Vlems in gereede penningen oft goede renten den penninck sestiene oft gronden van erfuen soe sy sullen accorderen, wesende myn houwelyck goet ende oock gebuerdet dat onse kinderen voer my doot waeren, dat hy mynen erfgenamen geue daer af achthondert pont, alles sonder argelist. In teecken der waerheyt hebbe ick dit met myn eyghen hant gescreuen ende onderteeckent met mynen vryen wille, gesont van sinnen ende lichaem wesende, al voer getuyghen gescreuen hebbende daer toe van my geroepen. Datum te Sieghen den eersten Junius 1576.

Marie Pipelinckx
Hanc esse Mariae Pepelinc voluntatem me ex ipsa cognouisse testor
Petrus Ximeneus
Hanc esse Mariae Pepelinc voluntatem me ex ipsa cognouisse testor
Mefridus Schwarts Siegensis.

## APPENDIX 4[164]

### Antwerpen, 13 juli 1576 - Herberekening van de rente van een schuld van de stad Antwerpen aan Jan Rubens
### Antwerp, 13 July 1576 - Recalculation of interest on a debt of the city of Antwerp towards Jan Rubens.

Opden xiii[en] Julij anno v[c] lxvi is gecompareert Denys Pypelinck, heeft gepresenteert eenen erfrentbrieff luydende op Meester Jan Rubbens, Scepen deser stadt, van lxxv karolus gulden tsjaers, te quyten den penninc xii[e], in date xxvii Junij anno xv[c]lxv, onder den grooten segel opt octroye van v[c] ponden van xl groten Vlems tpont
Gereduceert vanden penninck xii op xx... xlv £ artois. tachter Decembris lxxv, v jaren, iii.c.lxxv £ afgennomen twee jaren, rest ii.c.xxv £ compt in xii jaren alle jare xviii £ xv s.
NOTA. Hieraff eenen nieuwen schuldbrief geexpedieert te sijne ten behoeven van Meester Jan Ruebens, overmits Joncker Jan van Stembor, schepen deser stad, verclaerde den ouden brief verloren te zijne. Actum den ix Maij 1607. H. de Moy.

## APPENDIX 5[165]

### Antwerpen, 6 augustus 1576 - Verdeling van de erfenis van Jan de Lantmeter.
### Antwerp, 6 August 1576 - Repartition of the estate of Jan de Lantmeter.

Jouffrouw Catlyne Lantmeters Jansdochter wylen vanden eersten bedde, daer moeder af was Jouffrouw Catlyne Veruloet, wettighe huysvrouwe Jans van Mokenborch, coopman, met eenen vremden momboir haer gegeuen metten rechte by consente des voerseiden haers mans ende omme tgene nabescreuen wordt volcomelick ende onwederroepelick gemechticht vanden zeluen haren manne, breeder blyckende by sekere procuratie opten iiii[en] deser maent Augusti voer Bartholomeus van Eynde, woonende tot Mechelen, als notaris ende sekere getuygen quam vidimus, ex j[a]; Philips de Lantmeter, oick des voorseiden wylen Jansssone vanden tweeden bedde, daer moeder af was Jouffrouw Barbara Arens diemen heet Spierincx ex ij[a]; Jouffrouw Barbara Lantmeters, weduwe wylen Melchiors Mannaerts, cum tutore ex iij[a]; Jouffrouw Jacquelijne Lantmeters met Henricke van Sorck eius marito et tutore ex iiij[a], beyde oick des voorseiden wylen Jansdochtere vanden tweeden bedde, daer moeder af was de voorseide wylen Jouffrouw Barbara Arens; ende Henrick Pypelinck, als grootvader vanden wettigen kinderen Jouffrouwe Marie Pypelincx, zynre dochtere, gheinstitueerde erfgenamen vanden voorseiden wylen Jan Lantmeters ende Barbara Arens, quos suscepit, hem daervore sterckmakende, inde indyer qualiteyt inde v[e] partye;
Bekenden ende verclaerden dat zij naer voorgaende lotinghe ende cauelinghe geschiet opten xvij[en] maij lestleden met malcanderen wel ende minlijcken gepaert, gescheyden ende gedeylt hebben alle de goeden, ruerende ende onruerende, haeffelicke ende erffelicken hun toecommen, bleuen ende verstoruen mits der doot ende afliuicheyt vanden voorseiden hunnen vader, moeder ende grootmoeder respectiue, inder nauolgende manieren.
Ierst aengaende de ruerende goeden, daeraf verclaerden de voorseide partyen wel eens ende te vreden te zyne, ouermits elck tzyne daeraf wiste ende themwaerde hadde.
Ende aengaende den onruerende goeden, daeraf is der voorseide Jouffrouwe Catlyne Lantmeters te deele beuallen ende sal hebben ende behouden voor haer ende haren nacommelinghen, jnden iersten ...
Item den voorseiden Philipsen de Lantmetere is daertegens te deele beuallen ende sal hebben ende behouden pro se et suis, ...

...

Item der voorseide Jouffrouw Barbara Lantmeters is daertegens te deele beuallen ende sal hebben ende behouden voor haer ende haren nacomelingen ...

...

Item der voorseide Jouffrouw Jacquelyne Lantmeters is daertegens te deele beuallen ende sal hebben ende behouden voor haer ende haren nacommelingen ...

...

Ende den voorseiden kinderen van Jouffrouw Marie Pypelincx zyn daertegens te deele beuallen ende zelen hebben ende behouden voor heur ende heuren nacommelingen. Inden iersten die twelf carolus guldens erffelijk metten twee jaren achterstells sint Jansmisse anno lxxv lestleden daer af verloopen ende verschenen diemen jaerlicx sint Jansmisse heffende is op dry wooningen, daeraf deene een hoeckhuys is, gestaen ende gelegen inde Meyestrate int Hoplant opden hoeck aldaer ende die Jaspar Huys opden xij[en] decembris anno lxxiiij den voorseiden Philipsen de Lantmetere ouergegeuen ende getransporteert heeft; Item noch een rente van thien carolus guldenen erffelick metten xxv gulden achterstels sint Jansmisse a° lxxv daeraf verschenen diemen jaerlicx heeft ende heffende is opte stadt van Bruessele ter quytinge staende tegens den penning xviij[e] ende die by hem comparanten geredresseert zyn op den penning xvj[e]; Item noch die dry carolus guldenen erffelick metten achterstelle tsedert sint Jansmisse anno lxxv daeraf verschenen, diemen jaerlicx heffende is op dry huyskens gestaen tot Berchem, tegens ouer de brouwerye het Cruys genaempt, verschynende jaerlicx te halfmeerte; Item noch een rente van vyf ponden brabants erffelick met een jaer achterstels sint Jansmissse anno lxxv daeraf verschenen diemen jaerlicx heffende is op een huys cum fundo et pertinentiis genaempt den Ancker, gestaen ende gelegen inde Vaertstrate, geheeten de Jodestrate, tusschen Peeters de Haze huys ende erue ex vna ende Claes Rodart ende syns wyfs eruen ex altera; Item noch xlviij carolus gulden x stuivers erffelijk metten xxiiii guldenen eens achterstels daeraf ten voorseiden sint Jansdage verloopen ende verschenen van een hondert vijftich guldenen erffelick diemen als vore heffende is opde staten slants van Brabant; Item noch het vyfde vyfdepaert vande voorseide achtien guldenen vierentsestich ende hondert carolus guldenen erffelick metten achterstelle daeraf verloopen ende verschenen daeraf de voorseide jouffrouwe Catlyne, Philipen, Barbara ende Jacqueline Lantmeter oick elcken van hen hier voren een vyfde deel bewesen ende te deele beuallen is; Item noch een huys metten gronde ende toebehoorten ende de vyftich gulden eens hueren daer af ten voorseiden sint Jansdage verschenen, gestaen ende gelegen op sinte Catlyne veste, tusschen Mr. Jan van Houte des Aduocaets erue was ex vna noortwaerts ende derfgenamen van Diego Villegas huysinge ex altera. Gelyck de voorseide wylen Jan de Lantmeter opte xvij[en] Aprilis anno xv[c] eenenvyftich daerinne by mynen heere den Amptman inden name van syne officie gegoeyt ende geerft is geschat wesende op vier hondert vyftich guldenen erffelick, daer afgetrocken twee hondert carolus gulden erffelick Meesteren Fredericke Stendlin, daer jaerlick op vuytgaende, zoo bedraecht de bate noch vanden seluen huyse de somme van twee hondert vyftich guldenen erffelick die by hen comparanten geredresseert syn op twee duysent acht hondert carolus guldenen eens; Item noch een huys metten gronde ende toebehoorten ende xvj guldenen ende vj stuivers huere vanden seluen huyse ten voerseiden sint Jansdage verschenen, gequoteert N° primo, geestimeert op nyet daer jaerlicx vuytgaende dan medepant ouer den voorseiden commere vuyten houe hier gelegen jaerlicx gaende op de somme van iiij[c] xcvj gulden eens; Item noch een rente van sesse veertelen rogge (van xix veertelen ende een halff die by hun comparantent tsamen gerekent worden tot elf guldenen vij stuivers eens, verschenen ten voorseiden sint Jansdage anno lxxv) diemen jaerlicx te halfmeerte heffende is op een stede met huyse, houe, lande, fundo et pertinentiis, groot vier buynderen ende een half, gestaen ende gelegen ter Beke onder Loenhout, ende welcke rente Aerdt van de Venne opden viij[en] Martij anno xv[c] liij den voorseiden wylen Jan de Lantmetere opte selue stede vercocht ende gehipothiceert heeft; Item noch een rente van xxxij carolus guldenen erffelick met een vierendeel jaers achterstels tsint Jansmisse anno lxxv daeraf verschenen diemen heffende is op een huys cum fundo et pertinentiis geheeten den Berendans, gestaen ende gelegen in Borgerhout tusschen Jacob Raets huys

ende erue oostwaerts der voorseiden comparanten erue westwaerts daeraf de voorseide kinderen vuytreycken moeten als hun meer ten deele beuallen ende bewesen dan hun voor hun contingent toecommen, ierst de voorseide jouffrouwe Catharina Lantmeters xxiiij guldenen xij stuivers, ende de voerseide jouffrouwe Barbara Lantmeters xxvij guldenen 13 stuivers eens, ende dat al nauolgende den brieuen ende bescheede daer af zynde; Ende mits dezen ghelooуende in conditione dat waert dat men namaels beuonde vuyte voerseide panden ende goeden van eruen den eenen den anderen hier voren te deele beuallen commers vuyt te gane dan elcken hyer voer te laste ghaef ende vuytgesteken is, dat zy dezelue ingeualle die excederen vyf stuivers erffelick (ende anders nyet) malcanderen zelen helpen gelden ende dragen oft deen den anderen daeraf recompenseren ende opslaen oyck beuonde eenige meer schade oft profijten die den voerseiden sterfhuyse behoorden toe te commen oft af te gane, dat tzelue oick wezen zal tot heure comparanten gemeynen schade oft profijte. Selen oick de voorseide partyen betaelen de commeren ende lasten vuyten gronde van erue hen ende elcken van hen hier voere te deele beuallen gaende veruallen tzedert Johannis anno lxxv; Welcke gronden van eruen oick byden huerlingen die gebruyct zelen worden volgende de huercedullen ende conuentien daeraf zynde, daeraf de lasten ende reparatien tot nv toe gedaen wesen zelen tot gemeynen laste vande partyen voorgenoempt. Finalycken is noch ondersproken dat aengaende zeker omtrent een buynder lants te leene gehouden wordende van Joos Claes begrepen onder den lande ende hoeue tot Artselaer gelegen, der voorseide jouffrouwe Jacquelyne hier voren te deele beuallen, dwelck de voorseide Philips de Lantmetere sustineert als outste sone hem alleene te competeren, dat de zelfde Philips dyen aengaende alnoch blyuende is op syn geheel ende ongeprejudicieert omme tselue (ingevalle men beuint de selue Philips daerinne gerecht te zijne) te verhalen tegens synen medeerfgenamen zoo hy vinden sal te behooren, mitsgaders dat de voorseide comparanten alnoch gesamenderhant desen nyet tegenstaende ongeprejudicieert blyuen nopende alsulcken verloope van xij$^{c}$ gulden eens, daeraf de thien hondert guldenen eens alnoch onbetaelt zijn, als de voorseide kinderen Jouffrouwe Marie Pepelincx gehouden waren volgende den testamente van heuren voerseiden grootvader ende grootmoedere wijlen voor alle scheydinge ende deylinge inne te brengen oft stille te stane totter tyt soe de andere hunne medeerfgenamen daertegens verleken souden wesen. Sonder argelist.
Die vj Augusti 1576.

## APPENDIX 6[166]

**Siegen, januari 1577 - Smeekschrift van Maria Pijpelinckx aan Willem van Oranje.**
**Siegen, January 1577 - Petition from Maria Pijpelinckx to William of Orange.**

Ioannis Rubenii supplicatio transmisso Illustrissimo Domino, Principi Auriaco per Ioannem Taffinum, qui tunc Segenam a Domino Principe ablegatus venerat. Anno 1577 in Ianuario.

Illustrissime Princeps, Clementissime Domine,
Insignis plane & impudentis audaciae rarum prima specie exemplum videri queat, foeminam abiectam, exulem, peregrinam, & modis omnibus miseram, cum quinque parvis aeque infoelicibus liberis in causa tam deplorata, Heroem tantum, qui tradito etiam more hostis nobis sit infestissimus, pro salute illius miseri, qui tam foede, pro dolor!, te violavit, importunius compellare, & molestius deprecari ausam esse

...

vt equidem mihi vitio verti non debeat, neque ullam Celsitudini Tuae faciam iniuriam, si genibus tuis una cum parvulis nostris supplex advolvar, & maritum meum eorumque patrem quintum iam annum cum perpetuo mortis probrosae metu & horrore in carcere custoditum, effigiem, inquam illam spirantis mortui seu potius cadaver deforme, quod maerore, pudore, paenitudine paene contabuit & tranquillitatis vestrae synceritatisque auram inficit, vel prodiga nobis manu in elëemosinam proiici humillimo oris gestu, purissimoque animi habitu petamus é ementicemus.

...

Iure scilicet constitutum esse non eodem modo puniendos esse eos, qui longo tempore in reatum agunt, quo eos qui in recenti sententiam exceperint, sed eorum poenam sublevandam esse; satis esse immensorum cruciatuum semel fuisse supplicia, ne hi qui diu privati sunt aurae communis haustum etiam exilii poenam sustinere compellantur, pertulisse vero illum viginti sex menses arcti molestiam & qualorem carceris, idque in domo tua, & quae nulli eo tempore nostrum patuit, tollerasse iam 34 menses custodiam laxiorem quidem illam, sed quae non minus servum poenae eum efficit, a caelum hominum & Ecclesiae limine arcet, loco incommodo, semoto & angusto inter totidem inimicos quod habet incolas, omnium iniuriis expositus, in vestra potestate, ubi nullum se dignum obire negotium potest, nullum quaestum quo se & parvulos nostros alat facit, cum bonorum insuper nostrorum omnium generali & speciali reati cautione de iudici sistendo se quandocumque vobis videbitur obstrictum, toto hoc tempore, (id quinquennium impletum) eum capiti suo continuo impendentem cernere gladium, animamque inter perpetuum foedae mortis metum horroremque (neque enim de vita hactenus illi momentum unum cautum est) miserabiliter trahere, hoc ipsum tam grave supplicium haberi, ut perpetuum quidem carcerem veluti poenam omni crimine maiorem iura improbarint.

...

Ut igitur aliquando finem faciam, summa petitionis mea haec est: oramus te & obtestamur, optime princeps, per Agnum illum immaculatum, qui peccata mundi, & hoc ipsum mariti mei salus purissimo sanguinis sui fonte eluit, & nos peccatores mortis reos gratis sua innocentia & meritis iustificat, & ut omnes a morte, carcere, exilio eriperet semetipsum exinanivit, captus fuit, aliquamdiu caelo exulauit, & omnibus cruciatibus factus in cruce expiravit; Jesum, inquam, Christum Dominum & Deum nostrum communem, vt aliquando, antequam maerore, pudore & metu conficiamur, postquam tu nunc quoque de te & illa misera statuisti, de marito quoque meo clementer decernas, vitam dones, in libertatem asseras, & Ecclesiae sacrisque restituas. Non cupimus in luce Reipublicae conspici, non misceri civitatibus (optime enim miserias ii ferunt qui abscondunt, nec ulla est tam familiaris infelicibus patria quam solitudo & status prioris oblivio). Rogamus ut per te liceat nobis rus aliquo ad paternos agros procul a foro & strepitu (si victoria tua viam aperuerit) secedere, ubi quod supererit tuo beneficio vitae innocenter, clam & in solitudine transigamus, Deo primum & tibi tuisque omnibus grati, parvulos nostros in timore Dei instruamus & curemus, & quam maxime lateamus, peccatumque illud ibi nobiscum sepiliamus. Patiemur aequo animo eam cautionem quam nos in officio continere existimatis, quamdiu reus vivet perpetuam esse, neque alias quascumque conditiones, quae nobis praefinie volueritis abnuemus, modo semel metuere & servire desinamus & diu conditione & statu nostro cereti vivere libere pergamus.

...

Quod ut primo quoque tempore fiat & antequam obruamur, facit Deus optimus maximus, pater & fons misericordiarum & omnis consolationis, qui te quam diutissime Reipublicae, tibi ipsi, & nobis seruent incolumem, omnium votorum compotem reddat, & nobis se teque propitios semper praebeat. Amen.
Maria vxor Joannis Rubenij.

## APPENDIX 7[167]

**Siegen, 7 februari 1577 - Ontvangstbewijs ondertekend door Maria Pijpelinckx**
**Siegen, 7 February 1577 - Receipt signed by Maria Pijpelinckx**

Ich Maria Ruebens bekenne hie mit das ich habe mfangene auf meine pension von der vorledener Kerstmis M.D.lxxvj von mein gnadige herr durch Siebel von Widena funftzehene fuder holtz vnd hab dis zu warzeichen onderscreuen disen viij februari M.D.lxxvij.
Maria Ruebens

## APPENDIX 8[168]

**Siegen, april 1577 - Verzoek van Jan Rubens aan Johan van Nassau om naar Keulen te mogen reizen**
**Siegen, April 1577 - Request from Jan Rubens to Johan of Nassau for permission to travel to Cologne.**

Monseigneur,
Le souuerain bien que j'ay receu de Vostre Seigneurie, me fait esperer que prendrés de bonne part, si j'ose demander, me confiant grandement en vostre pieté, chose de moindre importance, qu'est que maintenant que ceste paix me rend mes biens, veuilles consentir que je les puisse apprehender et saisir, ce que ne se peult faire sans ma procuration, laquelle je ne puis passer icij, pour n'estre le seau de ceste ville cogneu en mon païs, et y avoir pareille difficulté au vidimus qu'on pourroit prendre à Couloigne, comme j'ay experimenté.
A tant Monseigneur je supplie treshumblement tant que je puis que poisant ceste nécessité et importance de l'affaire, que Votre Signeurie permette que je puisse faire vn tour secretement jusques a Couloigne pour cest effect, a condition que je n'ij seiourne non plus de deux ou trois jours sans bouger de la maison de Remond et que ma femme et enfans auec nostre precedente caution vous demeurent pour cela affectéz. Je prens le temps vn peu long, pour ce pendant pouuoir acheuer quelques comtes que i'ay avec Rémond et reueoir mes livres et papiers qu'y sont. Vostre Seigneurie a peu veoir que n'aiant eu obstacle pour m'absenter du tout si j'eusse volu, i'ay tenu (comme ie suis tenu et veulx tousiours faire) ma parole en tout temps, et doit estre asseurée que je metteray peine, que par cecy il n'y viendra nul inconuenient ny schandale.
De vostre illustre Seigneurie, treshumble serviteur et prisonnier,
J. Ruebens.

Ceste requeste a Monsgr. le Conte au suppliant ottroiée, qui est sur cela party de Siegen le 2* d'Auril l'an 1577, & retourné enuiron douze jours apres.

## APPENDIX 9[169]

**Keulen, 26 april 1577 - Volmacht van Jan Rubens aan Maria Pijpelinckx en enkele familieleden**
**Cologne, 26 April 1577 – Power of attorney from Jan Rubens authorizing Maria Pijpelinckx and several members of his family.**

Constitutio
Vniversis & singulis Nos consules & Senatus Imperialis Civitatis Coloniae Agrippinae, Salutem & omne bonum. Ad cuiuslibet uestrum notitiam deduci uolimus & attestamur Honestum ac Doctum uirum Johannem Rubens, filium Bartholomei Ju Doctorem et Ciuem Incolae Ciuitatis Andouerpiensis coram nobis personaliter comparuisse, qui sic constitutus omnibus melioribus via jure causa & forma quibus melius & efficatius de jure potuit, fecit, constituit, creauit atque solemniter deputauit suos ueros, certos & indubitatos Procuratores, Actores, factores & negotiorum infra scriptorum gestores & nuncios generales & speciales, ita tamen quod specialitas generalitati non deroget uel e contra, videlicet conspicuos viros, nec non honestas Matronas Mariam Pipelingk, Henricum Pipelinck Bothonieri, soceros suos, Dionisium Pipelinck, patruum suum Philippum Landemeter fratrem suum, ciues Andouerpienses, absentes tanquam presentes & quemlibet illorum in solidum. Ita tamen quod non sit melior conditio primitus occupantis neque deterior subsequentis. Sed quod unus illorum inceperit alter ipsorum prosequi, mediare & terminare ualeat & finire. Dans & concedens ijsdem procuratoribus suis plenam & omnimodam potestatem ipsius constituentis eiusque liberorum nomine omnia & singula negotia ex quacumque causa incidentia, se ipsum constituentem suosque liberos quocomque modo Presertim uero solutionem redditium suorum qui sibi in oppido Baessrode prope Dermondam debentur sollicitandi, exigendi, acceptandi & quictandi concernendi, tractandi, gerendi, exercendi & defendendi in specie uero suo liberorumque, siue nomine haereditatem & bonae quae ex testamento matris suae quae Honestae mulieris Barbara Spirinx & Vitrici sui

Johannis de Landemeter ab praedictorum vitrici sui Johannis de Landemeter et Matris suae morte sibi & liberis suis deuoluta sunt iuxta morem patriae & stilum judicialem legitime adeundi eaque sic adita cum coheredibus suis rite diuidendi rationem cum executoribus praememorati testamentum ponendi ineundi & concludendi eosque liberandi & supreceptis quictandi, vendendi quoque omnia & singula bona mobilia, preciumque recipiendi immobilia uero bona locandi permutandi oppignorandi & quovis modo alienandi debitores etiam ad solutionem compellendi eosque liberandi. Insuper & ipsius constituendi nomine omnia alia & singula sua bona negotia & causas sibi quocumque modo competendi, nominatim etiam solutionem redditium suorum qui sibi in oppido Baessrode prope Dermondam debentur sollicitandi, exigendi, acceptandi & quictandi. Aliaque & singula faciendi quae circa praedictam additionem, diuisionem, computationem caeteraque permissa necessaria uidebuntur. Et si necesse foret ex premissis coram quibuscumque judicibus tam secularibus quam ecclesiasticis quaecumque auctoritate fungendi siue functurus comparandi, agendi & defendendi Libellum seu libellos & quascumque alias petitiones uerbo uel in scriptis dandi, offerendi & recipiendi, excipiendi, replicandi, duplicandi, triplicandi & quatenus opus quadruplicandi litem uel lites contestandi & contestare uidendi de calumnia uitandi et quodcumque aliud licitum juramentum in animam constituendi praestandi, cum potestate substituendi.
Actum XXVI Mensis Aprilis Anno LXXVII.

Haec marginalia in duabus constitutione hoc loco inseri & uerba filioque siue liberorum indistincti omitti

## APPENDIX 10[170]

### Siegen, 14 juni 1577 - Smeekschrift van Maria Pijpelinckx en haar moeder aan Johan van Nassau
### Siegen, 14 June 1577 - Petition from Maria Pijpelinckx and her mother to Johan van Nassau.

A tresillustre Seigneur Jean Comte de Nassau, Catzenellenboghe Vianden Dietz etc. son seigneur tresdébonnaire, a Dillenburch
Monseigneur,
Aiant maintenant plus de six ans continuelement pleurée nostre desastre, calamité et affliction l'une sur l'autre, il a pleu à ce bon dieu, source de toute misericorde, me consoler un peu, m'aijant donné le moyen inesperé de pouuoir supplier a Monsieur le Prince d'Orange vostre frère (affin qu'il nous laisse avec la generalité iouyr aussi un peu par sa grace de ceste paix, que par sa saincte et sage conduite nostre Pays a recouuert) avec l'esperance qu'il (suijvant son doux naturel et l'exemple de celuy qui luy a fait tant de bien, iusques à l'avoir eleué si hault et fait glorieux pardessus tous autres) nous n'esconduira point du tout, mais comme ceste cause touche aussi principalement à Vostre Illustre Seigneurie (aiant tousiours (mercy vostre grace) la commodité de me ietter auec mes requestes à voz piedz et desirant surtout, ce que ie viens demander, deuoir à vostre clemence et le recognoistre d'elle), je m'advance, me confiant au comble de voz vertus a prier pour une grace laquelle proprement concerne ma personne, mes parens et enfans (qui n'auons offensé personne), et nous soulageroit un peu, mais mon mary en demoureroit autant et plus greyé qu'il n'est pour le présent. C'est, Monseigneur, pource que mes parens sont fort vieux, que noz enfans commencent à devenir grandz et que leur saison est qu'on les aduance, et que noz misères ont duré si long temps, que je supplie treshumblement, que, puis que maintenant le paijs est ouuert, je y puisse aller demourer pour me pouuoir acquitter envers eux, et me refaire du doux air de la patrie; mais comme cela ne se peut faire, que mon mary vostre prisonnier ne vienne quant et quant auec moy, n'estant bien que soions separez si long d'ensemble, nous demandons pour l'honneur de Dieu que le nous veuillés rendre en don et aumosne, affin qu'il y puisse aller avec nous finir le reste de ses iours, changeant sa prison d'une bonne ville, comme est ceste cij, en vn petit village appelé Nispen, subiect à Monsieur le Prince d'Oranges, solitaire et esloigné des bonnes villes et gens, ou mes parens ont une maison aux champs propre pour se cacher et nous nourrir sans schandale. Il y a une petite ville deux lieues

de la, dite Berghen opten Zoom, guerres frequentée, laquelle luy estant avec ladite maison attribuée, pour y estre quand il ne fait pas bon au village, la grace que nous feriés deviendroit d'autant plus illustre; le tout à mesme condition et caution qu'il est icy, specialement qu'il ne bougera iamais de là sans vostre congé. Si cela ne se peut faire, il s'enclorra estroictement en une seule maison où mes parens se tiennent à Lire, petite ville en Brabant, sans en sortir sur la rue, ce que luy peseroit plus que ne fait l'estre icy en plus grande liberté, mais il s'y condamneroit volontiers pour le respect de nous autres. Si aussi il fault qu'il demeure au prison en exil hors du pays, nous prions derechef deuotement qu'il puisse estre confiné en quelque autre lieu plus près du pays, comme seroit Aix, Duijsburch, le territoire de Cleue, Julliers etc. pour pouuoir de près mieux entendre a noz affaires et n'estre tant éloigné de nous. Tant que pouuons comprendre (sauve Monseigneur vostre discretion) il n'y a en cecy nul inconuenient, n'estant qu'vn changement de prison en quelqu'endroit plus dure, et s'y aura ce bien que la mémoire du fait n'ij sera tousiours si fraische, comme elle est icy sur vos yeulx, et la bonne intention que vostre Illustre Seigneurie a de le conseruer, y sera mieux suyuie qu'elle ne seroit icij, où il est tousiours en danger d'être émené ou tué, croissant avec l'aage des enfans de Son Excellence. A tant, Monseigneur, nous reclamons affectueusement vostre pieté et prions treshumblement qu'il vous plaise auoir pitié de nous, et quant et quant, quand il viendra à propos, nous fauoriser aussi enuers Monsieur le Prince, et faire tant que puissions impetrer, tout tant que bonnement voz honneurs permettent, et à voz clemences conuient bien; ce pendant nous nous assuiettons tousiours tant que sommes et pouuons au plaisir et seruice de Vostre Illustre Seigneurie et prions Dieu vouloir augmenter ses sainctes graces sur elle et les siens.
Ce 14 de juin l'an de salut 1577, de Sieghen.
De Vostre Illustre Seigneurie très-humble servante,
Marie Ruebens.

Monseigneur,
L'enuie que j'aij que Vostre Illustre Seigneurie octroije ce que ma fille luy demande, m'a induit sans auoir esgard à mon aage, indisposition et difficultez du chemin, de venir m'incliner à vostre clémence et la prier treshumblement pour l'amour de nostre commun sauueur et redempteur Jesus Christ et vostre naïfue bonté et piété, que j'entens que souliés vser auec tous miserables, et scay qu'avés en plusieurs endroicts vsé avec mon beau fils, vostre prisonnier: qu'il vous plaise prendre de bonne part ce qu'elle remonstre et requiert, et s'il est aucunement possible luy interiner sa requeste; laquelle je seconde de tout mon cueur, et fay aussi de ma part et pour mon bien propre en toute deuotion et reuerence, jugeant n'estre besoing la repeter pour ne vous fascher par redites. Quoy faisant, Monseigneur, vous acquerrés une infinité des esclaues qui tiendrons de vostre liberalité tout tant que nous sommes et pouuons, et employerons promptement le tout à vostre seruice, et je m'en retourneray consolée finir mes jours en paix, que ceste seule esperance me fait desirer la vie. Sur ce, Monseigneur, je prieray Dieu vous maintenir en sa protection et vous enrichir de toutes sortes de benedictions.
De Sieghen, ce 14 juin 1577.
De Vostre Illustre Seigneurie treshumble seruante, Clara Pypelinckx.

## APPENDIX 11[171]

### Siegen, 15 mei 1578 - Overeenkomst over de vrijlating van Jan Rubens
### Siegen, 15 May 1578 - Agreement for the release of Jan Rubens.

Wir Clement Nymptsch, Hoffmeister, Jacob Schwartz, Rath, und Martinus Dentatus, Rentmeister zu Siegen, Bekennen hiemitt offentlich, Nach dem vor ungeverlich sieben Jharenn, Johann Rubens aus allerhandt hochwichtigen und ihm selbst wohlbewusten ursachenn inn des wohlgebornen Herrnn Herrn Johans Grauen zu Naszaw Catzenelnbogen etc. unsers gnedigen Herrnn haft kommen, auch darin wohl beharlich gehaltten hett konnen werdden: Aber diszen unangesehenn ihm von

Wolermeltten unserm gnedigen Herrnn diese milterung wiederfharen, dasz ihm erlaubtt worden ist seine houszliche whonung alhie zu Siegen anzustellenn, sich auch in seinem haus still einzuhalttenn, wie dan er vorberürter erzeigten miltterung sich zum höchsten bedanckt, aber darneben nhun ein gereume Zeitt fast unauffhorlich angehalten und gebetten hatt, das wolgedachter unser gnediger herr ihme gestatten wolt sich ann andere den Niederlanden neher gelegene ortter zu begebenn und dadurch mittel zu erlangenn sich und seine arme weib und kinder mitt ehren zu ernherenn und darneben auch der teglichen besorgten gefhar und daraus entstehenden unauffhorlichen schwermuth ettlicher maszen enthabenn zu sein: Das darauf wolermelter unser gnediger herr uns vermöge habenden gewaltts bevelch geben hatt laszenn, uns mitt obgenanntem Johan Ruben vonn wegen seiner gnadenn in handlung einzulassenn und inn berathschlagung zuziehen, ob und welcher gestalt solcher naher den Niederlanden begertter abzug ihme zu bewilligen sein möcht: Nhun haben wir darum allerhandt so nach gelegenheitt dieser sachen wolermeltem unserm gnedigen herrn wohl billich zu bedencken mitt allem Vleisz bei uns erwogenn, und nach vielfaltiger gepflogener handlung uns nachvolendter gestalt mitt ermeltem Rubeo endlich verglichenn.
Nemblich und zum erstenn soll gedachter Rubens nach seinem abzug naher den Niederlanden (in allermaszen, wie er sich die Zeit seiner hausshaltung in dieser Statt darzu verpflicht erkant) schuldig seinn, so offt solchs die noch erforderen wirdt, sich personlich ein zu stellenn. Zum zweitten ist ausdrucklich abgeredet das gemelter Rubens des hochgeborenen fürsten und herrn herrn Wilhelmus Prinzen zu Oranien Erblander in dem Niederlanden meiden vnd sonderlich nicht mocht haben, und inn Printzlichen gebieten, seine housliche whonung ann zu stellen.
Zum dritten soll auch obberurter Rubens ausz denen ihm wohlbewusten ursachenn hochermeltt Herrn Printzen person melden, und sich selbst hiemitt vor gefhar und fernerer erbitterung hütten.
Gegen diese itzterzeltte punctenn haben wir in crafft unsere habenden gewaltts anstatt und von wegen wol ermeltts unsers gnedigen Herrn bewilligt, das ihm erlauubt und freistehen solle, seine bisanhero alhie genabte hauszhaltung nhunmehr in andere Niederlendische ortter (doch die Printzische wie obgemelt auszgescheidenn) seins gefallens und gelegenheit nahe zu verrückenn und sich alsbaldt von hinnen zu begeben: darann auch ihme wider von wolermeltem unserm gnedigen Herrnn, noch seiner gnaden dhienern oder underthanenn noch jemandts anders deszen von unser gnediger herr ungeverlich mechtig sein kann, einige hinderung, sondernn vielmehr zur Zeitt seines abreisens als mögliche befürdering soll geschehenn. Doch ist austrücklich gemelttem Rubes eingebunden das er den ortt seiner künftigen hauszhaltung wolermeltem unserm gnedigen Herrnn alle und jede jhar schriftlich soll namhafftig machenn, damitt man wiszen möge, an welchen ortten er inn verfallenden notfallen sei anzutreffen.
Welchem allem gedachter Rubens vor sein Person trewlich nachzukommen mit handgebuer trew anstatt eines geschwornen leiblichen Eidts zum hochsten hatt zugesagt und versprochenn: wie auch wir obbenente dasjenige, so inn namenn wolermelts unsers gnedigen herrn von uns lauth habenden bevelhs in irer gnaden namen bewillligt worden ist, trewlich volziehen und handhabenn wöllenn.
Des zu Urkunth ist diese abrede zu kunfftigem beweis gleichlauttent doppel verfertigt und von uns und gedachten Rubes underschriebenn, auch zu noch mehrerm beweisz mitt wolermeltts unsers gnedigen Herrn Secrett und unserm und gedachten Rubei verschiern becrefftiget und underschrieben wordenn, deren eine wir von wegen wolgedachts unsers gnedigen herrnn zu unsern handen genommenn, die ander aber obgemeltem Johan Rubes künfftiger nachrichtung haben zustellen habenn laszenn, alles trewlich und ohne gevherde. Geschehen zu Siegenn den funffzehenden Maij im Jhar Tausent fünff hundert achtt und Siebenzig.
CLEMENS NYMPTSCH MARTINUS DENTATUS

## APPENDIX 12[172]

### Antwerpen, 12 september 1583 - Maria Pijpelinckx verkoopt huis uit nalatenschap van Jan de Lantmeter
### Antwerp, 12 September 1583 - Maria Pijpelinckx sells a house from the estate of Jan de Lantmeter.

Jouffrouw Marie Pypelinx, wettighe huysvrouwe meesters Janne Rubens, oudschepene deser stadt, die heur omme tghene des nabescreuen staet te mogen doene volcomelijk ende onwederroepelijk gemechticht heeft, breeder blyckende by eenre opender procuratie in pampier gescreuen, gepasseert opten xxij^en^ Augustj lestleden onder den segel der stadt van Colen, quam vidimus, Geeft terue ende in erflijke rechte Peeter Hoomissen ende Lucia Biessemans een huys metten gronde ende toebehoorten ghenombreert no. Een, eertyden genaempt den Vliegenden Hert ende daer nv ter tyt vuythanght het Moriaenshooft, gestaen ende gelegen int Borgerhout alhier, ghelyck ende in alle de manieren de voorseide meester Jan Ruebens tvoorseide huys aencomen, bleuen ende verstoruen is mits der doot ende afflyvicheyt van wylen Janne de Lantmetere, synen schoonvadere, ende jouffrouw Barbara Arens alias Spierinx, zyne moedere, ende hem daerenteynden opden xvj.en Augusti anno XV.c sessentzeuentich in scheydinge te deele beuallen is blyckende byder seluer scheydinge ende der declaratie daerwt gevolcht, ...
Sonder argelist. Xij^en^ Septembris anno 83.

## APPENDIX 13[173]

### Antwerpen, 18 februari 1584 - Betaling door Maria Pijpelinckx aan Katelijne de Lantmeter
### Antwerp, 18 February 1584 - Payment by Maria Pijpelinckx to Katelijne de Lantmeter.

Jouffrouw Marie Pypelincx, wettighe huysvrouwe Mr. Jan Ruebens, oudeschepen deser stadt, die heur omme tghene des nabescreven staet te mogen doene ende ander volcomelijk geauthoriseert ende gemechticht heeft, breeder blyckende by eenre opender procuratie in pampier gescreuen, gepasseert onder den segel der Stadt van Coelen in date des xxij^en^ augusti anno xv^c^ dryetachtentich quam vidimus. Ende bekende dat zy in dyer qualiteyt in voldoeninghe ende volder betalinghe van alsulcken dryehondert tsestich carolus gulden als Jouffrouw Catlyne de Lantmeter, wedewe wylen Jans van Mokenborch, bewesen waren doer Philips de Lantmeter, oudeschepen ende nv ter tyt keurmeester der stadt, haeren broeder, opden voorseiden meester Jan Ruebens tot tghene hy schuldich was inden voorseiden sterffhuyse wylen Jans de Lantmeter intebrenghene in verlyckinghe van tghene hy aldaer met elken ouergegeuene, gecedeert ende getransporteert heeft ouergegeuen, gecedeert ende getransporteert heeft. ...
Sonder argelist, xviij^en^ Februari anno 84.

## APPENDIX 14[174]

### Antwerpen, 24 februari 1584 - Schuldbekentenis van Maria Pijpelinckx aan Filips de Lantmeter
### Antwerp, 24 February 1584
### Promissory note from Maria Pijpelinckx to Philip de Lantmeter

Jouffrouw Marie Pypelincx, Henriksdochtere wylen, wettighe huysvrouwe meester Jan Ruebens oudeschepen deser stadt, coopvrouwe, dryuende heurs selfs handel zoo zy vercleerde, met eenen vrempden momboer heur gegeuen metten rechte, mits dat de voorseide heuren man nv jegewoordelijk is tot Colen. Ende bekende schuldich te zyne van goeder rechtveerdigher schult Philips de Lantmeter, oick oudeschepen ende nv ter tyt keurmeester deser stadt als testamentelijk momboer metten voorseiden meester Jan Ruebens, heuren manne ouer Thomas Manaert ende ter zeluer weesen behoeff de somme van tweelff hondert karolus guldenen eens van xx stuivers tstuck, toecommende van gelijke somme by heur comparante in gereeden penningen alsnv ontfangen soo zy verclaerde.
...
Sonder argelist. xxiiii^en^ Februari anno 84.

## APPENDIX 15[175]

### Keulen, 1 maart 1587 - Grafschrift van Jan Rubens
### Cologne, 1 March 1587 - Epitaph of Jan Rubens

Deo optimo maximo sacrum Joanni Rubenio clarissimo Jurisconsulto qui Italiam per septennium, maximamque Sequanorum ad capiendum ingenio cultum Judiciumque confirmandum peragravit, seduloque lustravit.
Deinde in Belgium reversus, Antverpiae Schabinorum Senatus Collegio adlectus id munus per annos sex integros magna cum laude gessit Ac demum civilibus bellis exortis, quo procul ab eis, nimirum quietis amans ageret, Patriam cui propter administratae Reipublicae Justitiaeque merita Charus erat, ultro reliquit, seque Coloniam Agrippinam omni cum familia recepit, in eaque novemdecim annos transegit. Vero itaque antiquae, nostrique temporis Historiae cognitione longè prestanti universis ab humanitate, morum suavitate, Beneficientiaeque Promptitudine pergrato.
Maria Pipelinga Uxor septem ex eo liberorum mater, cum quo annis vigenti sex concorditer, sinè ulla querula vixit marito dulcissimo beneque merenti Posuit. Natus Antverpiae XIV.Kal. Aprilis Anno 1530. Denatus Coloniae Kalend. Martii 1587.

## APPENDIX 16[176]

### Keulen, 27 juni 1587 - Bevestiging door de stadsmagistraat van Keulen dat de familie Rubens in Keulen heeft gewoond
### Cologne, 27 June 1587 – Confirmation by the Cologne city magistrate that the Rubens family lived in Cologne.

Universis et singulis cuiusque status, conditionis et praeeminentiae fuerint, ad quos hae nostrae patentes literae pervenerint, easdem legerint vel audiverint, Nos Consules et Senatus Imperialis et liberae Civitatis Coloniae Agrippinae digna salutatione praemissa notum facimus et attestamur, honestam Mariam Pepelings quondam doctissimi viri Johannis Rubens, legum doctoris, conjugem, viduam cum jam dicto marito suo ab anno minoris numeri sexagesimo nono usque in hunc infra scriptum annum et diem in hac civitate nostra consuetum domicilium habuisse seque viduam adhuc habitare atque uti morigeram civem et incolam bene doceat, in omnibus gessisse et adhuc se gerere absque dolo et fraude. In cujus fidem ad ulteriorem dictae viduae instantiam praesens documentum secretioris sigilli nostri appressione communiri mandavimus. Datum XXVII mensis Junii anno salutis millesimo quingentesimo octogesimo septimo.

## APPENDIX 17[177]

### Antwerpen, 24 november 1589 – Drie Antwerpse burgers getuigen dat de familie Rubens te Keulen heeft gewoond
### Antwerp, 24 November 1589 - Three Antwerp citizens testify that the Rubens family lived in Cologne

Ten versuecke van Jouffrouwe Marie Pijpelincx, weduwe wijlen Meester Jans Rubbens, in sijnen levene Schepene deser stadt.
Mr Andries van Brueseghem, Schepene deser stadt, Joncker Lazarus Haller, oudt omtrent 41 jaren, woonende in de Meere alhier, ende Joncker Gillis de Meere, Schepen op de Halle alhier, Juraverunt dat sij wel kennen ende van joncx aff gekent hebben de vier kinderen van de voorseyde producente ende vanden voorseyden wijlen heuren manne, namentlijck Jan Baptista, Philips, Pieter Pauwels ende Blandina Ruebens, ende dat sij wel weten ende waerachtich is, te wetene de voorschreven Meester Andries van Bruesegem, dat de voorschreve producente met hare voorschreven kinderen in de jaren 83, 84 ende 85 continuelijck tot Colen heeft gewoont ende fixe domicilie gehouden, Joncker Lazarus Haller dat de voorscreuen producente met haere voorseyde vier kinderen sesse jaeren voor de reconciliatie deser stadt met syne Majesteyt continuelycken tot Cuelen heure residentie heeft gehouden ende de voorschreven

Joncker Gillis de Meere, dat hij de voorschreven producente met hare voorschreve kinderen oyck binnen der voorschreven stadt van Colen tzedert jaer XV$^{c}$ LXXVII continuelijcken heeft weten te woonen, tot het jaer tachtentich, als wanneer hij affirmant van daer is vertrocken, blijvende de voorschreve producente met hare kinderen hare residentie aldaer continuerende; affirmerende voorts de voorseide affirmanten dat de voorschreve producente alhier bynnen deser stadt, met 3 hare kinderen van Colen ouer omtrent drye vierendeelen sjaers, is commen woonen, ende dat den outsten sone, namentlijck Jan Baptista, meer als drij jaren ende een halff, van Colen voorseyt, naer Italien is getrocken. Redene van wetentheyt allegeerende de voorschreven affirmanten, want zij den voorseiden tijt geduerende respective met voorschreve producente ende heure kinderen altijt goede ende familiere kennisse hebben gehouden. Die vigesimo quarto Novembris 1589.

## APPENDIX 18[178]

### Antwerpen, 10 december 1596 - Verklaring van Maria Pijpelinckx over de leeftijd van haar zonen Filips en Pieter Paul
### Antwerp, 10 December 1596
### Statement of Maria Pijpelinckx regarding the age of her sons Philip and Peter Paul

Aen mynen heeren
Gheeft te kennen Marie Pypelinckx, weduwe van wylen Mr Jans Ruebens die de suppliante by synen testamente daeraff extracte auctentiek hier ane gehecht is, alhier gestelt ende gedenomineert heeft testamentelijk momboiresse ouer hunne gemeyne kinderen ende hunne goeden, met machte om die te moegen vercoopen ende voirder beswaren ende anderssints daeraff disponeren nae heure geliefte, hoe dat de voirseide hare kinderen oick doen toecomende een rentken van xij stuyvers tsjaers gehypoticeert op de stadt van Brussel van twee jaeren verachtert synde sonder dat sy aen eenige betalinge can geraecken, waer dore ende mits dat sy tot onderhout vande voorseide heure kinderen seer groote noot van gelde heeft, sy suppliante met consente ende bywesen van twee heure bejaerde kinderen ende voorts vuyten name ende als momboiresse van Philip, out xxii ende Peeter Ruebens out xx jaren, beyde hare onbejaerde sonen de voorseide rente geerne soude vercoopen, hebbende daaertoe eenen coopman gevonden die seer cleyn verlies heur dese rente presenteert aff te coopen, maer want hy daerop swarich werdde in de goedenisse der voerseide rente, daermede pretendeerende dat sy suppliante nyet tegen staende dat sy, gelyck voerseid is, alleene byden voerseiden testamente daertoe gherecht is gequalificeert, daertoe soude moeten oirloff ende consent hebben van U Edele; Bidt daeromme dat U Edele gelieven wille als oppermomboirs van alle weeskinderen haer suppliante om tgene voerseid is te moighen doen te authoriseren. Dwelck doende.
Mynen Eerweerden Heeren Burgermeester ende Schepenen hebben de suppliante geauthoriseert ende authoriseren mits desen de rente in dese vermelt te moighen vercoopen ende de penningen daeraff tontfangen ende de coop vande selve behoorlyck te moegen goeden. Actum xii decembris 1596. Dyck.

## APPENDIX 19[179]

### Antwerpen, 15 november 1606 – Rekwest van Filips Rubens aan de Staten van Brabant
### Antwerp, 15 November 1606 - Request from Philip Rubens to the States of Brabant

Aen myn Eerweerden Heeren de dry Staeten des lants ende hertochdomme van Brabant
Gheeft ooitmoedelyck te kennen Philippus Rubens hoe dat zyn vader wylen mr. Jan Ruebens is geweest een geboren Brabander ende poorter der stadt van Antwerpen, hebbende aldaer gepasseert den besten tyt van zyn leuen, ende oick mede geweest vande weth. aldaer. Dan al zoe ondertusschen zyn opgestaen de leste troublen, daer doire veel persoonen hunne wooninghen ende Vaderlant hebben moeten verlaeten, soe is mede gebeurt dat des suppliants vader hem oick eenigen tyt heeft gehouden tot Ceulen, alwaer hy alnoch eenige kinderen by zyne huysvrouwe heeft gecreghen, ende naementlijk

den suppliant, met intentie nochtans om daeromme het lant van Brabant nyet te verlaeten, hebbende ouersulcx soe lange hy heeft geleeft ende naer zyn doot zyne huysvrouwe, de selue kinderen, als zy eenichssints bequaem zyn geweest therwaerts ouer geschickt ende naer de reconsiliatie vande steden van Antwerpen ende Brussele is des suppliants moeder metter geheele woonstede, binnen Antwerpen gekeert, alwaer den suppliant, geheel jonck wezende, heeft begonst syn ierste studien, ende daernaer te Leuven onder wylen den heer Lipsius, in wyens familie hy vier jaeren heeft gewoont; van waer hy is getrocken naer Roomen ende zyne studien aldaer soe vervolght, dat hy Gradum doctoratus Vtriusque Juris daer heeft vercregen. Soe dat hy hoopt (sonder jactantie gesproken) dat hy nyet teenemael onbequaem en sal worden beuonden om den landen ende hunne hoocheden in toecommende tyden eenigen dienst te mogen doen, ende hoewel den suppliant gehouden behoirt te wordden aloft hy hier waere geboren, nyettegenstaende het casuweel inliggen syns suppliants moeder buyten slants, dwelck neffens de gratie die hy van uw. Eerweerden hoopt te vercrygen hem nyet en behoirt te beletten ofte benemen den middel om dlant van Brabant daeruyt hy gesproten is, soe bequamelijk te mogen dienen gelyck hy wel den wil ende intentie heeft. Soe keert hem den suppliant tot Uw Eerw., biddende zeer oitmoedelijk dat zy (aenschouwe nemende op tgene voorseid is ende dat de vader ende moeder des suppliant soe van vaderlijke als moederlijke zyde zyn originelijk geboren Brabanders), by appostille op de marge van desen oft anderssints gelieue te vercleren dat de suppliant mede voir sulcx te houden is, ende daeromme behoirt te genyeten alle de priuilegien ende vrydommen den innegeboren Brabanders competerende, nyettegenstaaende hy te Ceulen geboren is, ende dat hy voir zoe vele des noot is, wordde genaturalizeert, ende daervan te doen depescheren Acte in behoirlijke forme, soe ende gelijk aen andere persoonen geduerende eenighen tyt herwaerts vuyter gelycke redene is gedaen. Dwelck doende, etc.
xv. Nouembris Anteprandium A° 1606
Coram de heeren Staeten van Brabant Bruxellae.
Ierst is gelesen de requeste doctoris magistri Philippi Rubenij, metter attestatie wijlen Justi Lipsij, om gebrabantiseert te worden, daer inne hebben geconsenteert de heeren prelaeten ende Edelen voor hunne twee jerste staeten, maer die gedeputeeerden vanden hoofdsteden voirden derden staet hebben van alles begeert copije om hunne committenten te consulteren.

Geextradeert vuijt het Registere vande voirs. Heeren staeten van Brabant ende van hunne gedeputeerden, ende is daermede beuonden t'accorderen quod attestor als raedt ende greffier vande selue heeren. P. Masius.

## APPENDIX 20[180]

### Brussel, 24 juli 1607 - De Staten van Brabant erkennen de Brabantse nationaliteit van Filips Rubens
### Brussels, 24 July 1607 - The States of Brabant confirm the Brabantine nationality of Philip Rubens

Alzoe Mr. Philips Rubenius mijne Heeren Prelaeten, Edelen en Gedeputeerde vande vier hoofdsteden, representerende de drije Staeten des Landts ende Hertochdoms van Brabant, bij zekere zijne supplicatie verthoont ende te kennen gegeven hadde, hoe dat zijnen vader Meester Jan Rubens waere geweest een geboren Brabanter ende Poorter der stadt van Antwerpen, hebbende aldaer gepasseert den besten tijdt van zijn leuen ende oyck mede geweest vande Weth aldaer, dan alsoe ondertusschen waeren opgestaen de leste troublen, dair doire vele persoonen hunne wooningen ende vaderlant hadden moeten verlaeten, zoo waere mede gebeurt dat zijnen voirseiden. vader hem oyck eenigen tijdt hadde gehouden tot Ceulen, alwaer hy alnoch eenige kinderen bij zijne huysvrouwe hadde vercregen ende naementlijck den verthoondere, met intentie nochtans, om daeromme het landt van Brabant nyet te verlaeten, hebbende oversulcx soo lange hij hadde geleeft ende naer zijn doet zijne huysvrouwe, deselue kinderen, als zij eenichssints bequam waeren geweest, herwarts ouer geschickt, ende naer de reconsiliatie vande steden van Antwerpen ende Brussele, waere des suppliants moeder metter geheele woenstede binnen Antwerpen voirseid wedergekeert, alwaer deselve suppliant geheel

jonck wesende zijn ierste studien hadde begonst ende daernae tot Louen onder wylen heere ende Meester Justo Lipsio, in wiens familie hij oock vier jaeren hadde gewoont; van daer waere getrocken naer Roomen ende zijne studien aldaer soe vervolght, dat hij gradum doctoratus utriusque juris hadde vercregen, soe dat hy hopte, sonder jactantie gesproken, dat hy nyet teenemael onbequaem en soude worden bevonden om Hunne Hoocheden ende den lande in toecommende tyden eenighen dienst te moghen doen; ende hoewel hij behoirde gehouden te worden al oft hij hier in Brabant waere geboren, nyettegenstaende het casuweel inliggen van zijne voirs. Moedere buyten slants, dwelck neffens de gratie die hij doir de voirseide Heeren Staeten hopte te vercrijghen, hem nyet en behoorde te beletten oft benemen dmiddel om tvoirseide Lant van Brabant, daervuyt hij gesproten waere, soe bequamelijck te moghen dienen, gelijck hij wel den wille ende intentie hadde, Badt daeromme zeer oytmoedelijck dat den selven Staten aenschouw nemende opt tgene voirseid waere ende dat zijnen vader ende moeder, soe van vaederlijcke als moederlijcke zijde, waeren originelijck geboren Brabanters, geliefde te verclaeren dat hij mede voer sulcx te houden waere ende behoirde te genieten alle de preuilegien ende vrijdommen den ingeboren Brabanders competerende, nyettegenstaende hij te Ceulen geboren waere ende dat hij nu, soe vele des noets waere, worde genaturaliseert ende daervan te doen despecheren acte in behoirlijcke forme, soe ende gelijck aen andere persoonen geduerende eenigen tijdt herwaerts vuyt gelycke redene gedaen waere, welcke supplicatie int langhe ende te diversche reysen bij Mijne Heeren Staeten gesien ende daerop serieuselijck geleth wesende, midtsgaders oyck op zekere bijgevueghde attestatie des voirseideen Heeren Lipsii, Soe hebben eyntelijck, overmidts de voirseide Redenen ende andere goede consideratien hun moverende te vreden geweest ende consenteren midts desen de voirseide Staeten, soe vele hun aengaet, inden versuecke bijden dispositijffve der voirseide supplicatie gedaen ende dat ouersulcx die voirseide Meester Philips Rubenius nyettegenstaende sijn geboirte buyten slants, sal voirtane gehouden worden voor eenen innegeboren Brabanter ende genieten allen rechten ende preuilegien denselven Brabanders toecommende. Alleen maer voor dese reyse ende sonder tselue te willen doen oft laeten trecken in consequentie voor den toecommenden tijdt ende ten respecte van andere; Dus gedaen ende geresolveert tot Brussele, inde vergaederinghe vanden voirs. Heeren Staeten, respective, opden xv^en^ November anno 1606, xvij, xviij ende xxiiii julij anno 1607.
Mij daerbij zijnde P. Masius.

## APPENDIX 21[181]

**Antwerpen, 11 januari 1609 - Registratie van Filips Rubens als poorter van Antwerpen**
**Antwerp, 11 January 1609 - Registration of Philip Rubens as citizen of Antwerp**

1609.
Xiiij Januarij 1609.
Mr. Philips Rubbens Janssone, geboren van Coelen

## APPENDIX 22[182]

**Brussel, 19 januari 1609 - De aartshertogen Albrecht en Isabella erkennen de Brabantse nationaliteit van Filips Rubens**
**Brussels, 19 January 1609 - The archdukes Albert and Isabella confirm the Brabantine nationality of Philip Rubens**

Albert et Isabel-Clara-Eugenia, Infante d'Espaigne par la grâce de Dieu, Archiducqz d'Austrice, Ducqz de Bourgoigne, de Lothier, de Brabant, de Lembourg, de Luxembourg et de Geldres, Contes de Habsbourg, de Flandres, d'Arthois, de Bourgoigne, de Thirol, Palatins, de Haynnau, de Hollande, de Zélande, de Namur et de Zutphen, Marquiz du St. Empire de Rome, Seigneur et Dame de Frize, de Salins, de Malines, des Cité, villes et pays d'Utrecht, d'Overijsssel et de Groeninge. A tous ceulx, qui ces présentes verront, Salut. Receu auons l'humble supplication de nostre bien-aimé Maistre Philippe

Rubens, docteur es droitz, contenant comme depuis naguères vacant en nostre ville d'Anvers l'office de Secretaire par le trespas de fut Jehan Boghe, ceulx de nostre Magistrat illecq ont trouué conuenir en pourveoir ledit suppliant et est desià en possession et combien que ce considéré et que la collation dudit office, comme des aultres semblables, sans aulcun débat ou contradiction, appertient ausdit du Magistrat, il ne debvroit estre permis à qui que ce soit d'y s'opposer ou faire aulcun obstacle audit suppliant en la joyssance d'icelluy, si est ce toutesfoiz que aulcuns se vantent à ce que l'on entend de vouloir présenter requeste à nous pour l'impétrer comme vacant, soubz prétext que ledit suppliant, pour estre né à Couloigne, ne seroit Brabançon et par ainsi incapable pour déseruir le dit office, en quoy toutefoiz (soubz trèshumble correction), il n'y a apparence ny raison, car encoires qu'il soit vray, qu'estant le père dudict suppliant durant les troubles retiré audit Couloigne, il y soit n'ay, ce néantmoins cestuy défault (si aulcun y a), at esté purgé, et vient à cesser par le consentement des Etatz de notre pays et Ducé de Brabant, lesquels ont déclairé le tenir pour Brabançon suiuant l'acte sur ce à nous exhibé, de tant plus que ses parents, comme natifs de notredite ville d'Anvers, où que sondit père at diverses foiz esté Eschevin et conséquamment icelluy suppliant estoit originaire de notredit pays de Brabant, et par ainsi, selon droit et raison, capable pour déservir tous estatz et joyr des priviléges de notre dict pays, selon que en tous autres lieux et villes bien policées a esté practicqué et s'y practicque journellement. Quoy considéré et que ledit suppliant, de sa jeunesse, a esté nourry en notredit pays de Brabant et, ayant veu le monde, s'est addonné du tout aux estudes, pour, auec le temps, se faire idoine à nous rendre le service qu'il doibt à ses souverains seigneurs et princes naturelz, il nous a trèshumblement supplié de ne vouloir permettre que luy soit fait aulcun destourbier ou obstacle en ce que dessus, ains que nostre plaisir soit, en aggréant et confirmant, en tant que besoing soit, le consentement et déclaration desdits Estatz, de maintenir et faire maintenir ledit suppliant en la joyssance des priuiléges et prérogatives que son origine et ladite déclaration des Estatz luy donnent et signamment au regard dudit office dont il est en possession et sur ce luy faire despescher noz lettres patentes en ces cas pertinentes. Sçavoir faisons que, les choses susdites considérées et veu le consentement desdits Estatz de notre pays et Ducé de Brabant, nous pour ces causes et aultres à ce nous mouvans, inclinans favorablement à la supplication et requeste dudict Maistre Philippe Rubens, suppliant, luy auons consenty, accordé et ottroijé, voullons et déclairons qu'il soit tenu pour originellement nay et naturel d'icelluy notre pays et Ducé de Brabant, et comme tel puisse et pourra joyr de tous et quelzconcques priviléges, franchises et immunitez et déservir tous et quelzconcques estatz et offices appartenans et réseruez au naturelz d'icellluy notredite pays, et particulièrement retenir celluy de secrétaire de nostre ville d'Anuers, dont il a esté pourveu par ceulx du Magistrat illecq, le tout nonobstant qu'il ait esté nay en la dicte ville de Couloigne, le mesme Maistre Philippe Rubens (en tant que besoing est), naturalisant et ès priuilèges de cestuy notredit pays et Ducé de Brabant, sa patrie, restituant et redintégrant. Si donnons en mandement à noz très-chiers et féaullx les Chancellier et gens de notre Conseil audict Brabant, et à tous aultres noz justiciers, officiers et subietz de nostre dict pays et Ducé de Brabant, ausquelz ce peult ou pourra toucher et regarder, qu'ilz facent, souffrent et laissent ledict Maistre Philippe Rubens de ceste nostre présente déclaration et accord plainement et paisiblement joijr et user, sans luy faire, mettre ou donner, ny souffrir estre fait, mis ou donné, ores ny en temps aduenir, aulcun trouble, destourbier ou empeschement au contraire, car ainsi nous plaist-il. En tesmoing de ce, nous avons fait mettre notre séel à ces présentes. Donné en notre ville de Bruxelles, le dix-neufiesme jour de Januier l'an de grâce mil-six cent et neuf.
Par les Archiducqz. Verreycken.

## APPENDIX 23[183]

### Antwerpen, 1615 - Biografie van Filips Rubens
### Antwerp, 1615 - Biography of Philip Rubens

PHILIPPVS RVBENIVS patrem habuit Ioannem Rubenium, matrem Mariam Pijpelincx, Antuerpiae natos; quâ in ciuitate ille Senatoriâ dignitate non semel summâ cum laude functus est. Sed exortas patriae turbas fugientes, vt permulti tum graues & cordati viri, Coloniam Agrippinam se contulerunt. Vbi anno salutis humanae M.D.LXXIV V. Kal. Maias natus est Philippus noster.

## APPENDIX 24[184]

### Antwerpen, 28 augustus 1618 - Verklaring van Pieter Paul Rubens over zijn leeftijd
### Antwerp, 28 August 1618 - Statement by Peter Paul Rubens of his age

28. Augusti 1618
Srs. Jan Bruegels oudt omtrent achtenveertich jaren, Henrick van Balen out dryenveertich jaren ende Peetro Paulo Rubbens oudt eenenveertich jaren, alle schilders, poorters ende ingesetenen deser stadt, my notario wel bekent. Ende hebben ten versuecke van Sr Laureys de Smit by manne waerheyt, eedt presenterende des noot sijnde, geattesteert hoe dat sy onlanckx geleden alhier binnen deser stadt gesien hebben inden winckel vanden voorseiden Laureys de Smit eenige stucken tapisseryen gevrocht met gout, siluer, syde ende saeyet vande historie van Chipion ende Hanibal, ende dat het patroon daernaer die gemaect syn is de teeckeninge van Julio Romano fameus Italiaens schilder, discipel was van Raphael d'Urbino, metten welcken hy in compaignie werckende was ende oyck desselfs Urbino erffgenaem geconstitueert ende ouer sulcx vande fraeyste patroonen die sy attestanten alhier binnen deser stadt gesien hebbe. Affirmerende tgene voorseid geseegt te hebben voor de gerechte waerheijt, consenterende etc. Aldus gedaen tAntwerpen ter presentien van Michiel de Cock ende Christiaen Peetermans als getuygen, etc.
Jean Brueghel    Hendrick van Balen    Pietro Pauolo Rubens

## APPENDIX 25[185]

### Antwerpen, 25 juli 1637 - Brief van Pieter Paul Rubens aan Joris Geldorp
### Antwerp, 25 July, 1637 - Letter from Peter Paul Rubens to Joris Geldorp

... Ick ben gheaffectionneert tot de stadt van Ceulen om dat ick aldaer ben opgevoet tot het tienste jaer myns leuens ende hebbe dicwils verlanght naer soo langhen tyt de seluighe noch eens te besichtighen.
...
Wt Antwerpen den 25 Julij 1637.

## APPENDIX 26[186]

### 1645 - Vermelding van Rubens' verondersteld geboortehuis in Keulen
### 1645 - Mention of the house in Cologne, Rubens's presumed birthplace

Inter huius ecclesiae imo urbis spectabiliora monumenta est majoris marmoreae arae tabula, S. Petri vivam effigiem exprimens donum Everhardi Jabachi senatoris Coloniensis divitis, et artificiorum atque antiquitatum admiratoris et amatoris, ipsa vero pictura tabulae, opus est clarissimi viri pictoris Petri Pauli Rubeni Ubij, qui nostro aevo laudes et nomen Apellis non immerito sibi artis praestantia acquisivit, et hunc uti Coloniae ferax est bonorum ingeniorum, in hac parochia, orbi dedit domus hereditaria excellentissimi Domini Jodoci Maximiliani comitis in Gronsfeldt, sita è regione hospitij S. Ursulae, quam nuper Archiepiscopus Maguntinus inhabitavit exul, et in qua serenissima Maria Medicaea Galliarum Regina extremam Vitae periodum sanctissimè peregit et clausit.

## APPENDIX 27[187]

### Antwerpen, 1649 - Commentaar bij Jan Meyssens' Image
### Antwerp, 1649 - Text accompanying Jan Meyssens's Image

IMAGE DE DIVERS HOMMES D'ESPRIT SUBLIME QUI PAR LEUR ART ET SCIENCE DEBVROYENT VIVRE ETERNELLEMENT ET DES QUELS LA LOUANGE ET RENOMMÉE FAICT ESTONNER LE MONDE
A ANVERS MIS EN LUMIERE PAR IEAN MEYSSENS PEINCTRE ET VENDEUR DE L'ART AU CAMMESTRAAT L'AN. M.DC.XLIX
A MONSEIGNEUR MICHEL LE BLON AGENT POUR LA REYNE ET COURONNE DE SUEDE CHEZ SA MAIESTÉ DE LA GRANDE BRETAIGNE
MONSEIGNEUR,
Ce serait vous faire tort si je ne confessois ouvertement à tout le monde que vous estes le [*sic*] source de ce mien petit oeuvre, luy ayant pleu par sa bienveillance me suggerer de temps en temp les matieres dont iy ay sceu faire mon fondement.
D'Anvers le 12 d'Avril lan 1649.

PETRUS PAULUS RUBENS
Très rènommée, mais encore plus noble par les rares dons, de les quelles il etoit pourveu: car cest lui pour qui toutes arts liberaux ont emploijées toutes leur scienses, pour amasser dans lui, le plus haut de leur pouvoir, certe la painture aijant faict un compact avec la fâme (pour promulger ses louanges par tout l'univers) n'a point mancquee en son intention, mais l'Eloquence accompaignce de la Dignité, et Richesse, la tellement adornée, que le Roij d'Espaigne, le Roy de France, et le Roij d'Angleterre; en temoinage de ses merites, lui ont faict l'honneur de leur ordres de Chevalerie. Anuers est la ville de ceste heureuse nativité, le 28. de Iuin 1577, ausi du deplorable iour de son trespas, lan 1640, le 30 de maii.
I. Meijssens exc.

## APPENDIX 28[188]

### 1662 - Biografie van Pieter Paul Rubens door Cornelis de Bie
### 1662 - Biography of Peter Paul Rubens by Cornelis de Bie

Om van de oude Meesters aen d'een sijde te stellen midts van hen wercken geen overblijffels meer en zijn, soo wil ick voor het eerst aenwijsen de seldsaeme ende constbloyende Schilderijen die Petrus Paulus Rubbens heeft ghedaen als binnen de Rijcke ende Keyserlijcke Stadt van Antwerpen in overvloedigheyt te sien sijn die de Const en Inventien der oude Meesters niet en wijcken. Ende ghelijck altijdts in verscheyde Consten t'zy Metselry, Poesie oft Schildry is gheweest ende sal wesen de Inventie de rechte Moeder van alle uytnemende Wercken die fray Geesten in't licht brenghen. Soo is dese sonderlinghe gratie der naturen te deele bevallen den wel gheboren ende gheleerden Petrus Paulus Rubbens Edel Schilder van Antwerpen, gheboren in't jaer 1577, ende ghestorven Anno 1640, tot wiens meerder loff endde onsterffelijcke Eer niet qualijck en sijn uyt Poesi pen ghevallen dese volgende veersen.

PETRUS PAULUS RUBBENS
Edel Schilder van Antwerpen
...
Daer by oock Titiaen uytstekende van gheest die by de hondert jaer een Schilder is gheweest. Maer als ick overloop de dry-en-sestich jaeren die Rubbens heeft beleeft en was in Const ervaren, soo vindt ick wel te recht dat hy heeft overtreft de oude Meesters die de Faem ons soo verheft.

## APPENDIX 29[189]

### Antwerpen, 1668-1676 - Biografie van Pieter Paul Rubens door Filips Rubens
### Antwerp, 1668-1676 - Biography of Peter Paul. Rubens by Philip Rubens

LA VIE DE RUBENS PAR C. GEVARTIUS
Memoire que la famille de P.P. Rubens fit dresser après la mort par le celebre G. Gevartius, et remettre a M. de Piles, qui a ecrit la vie de Rubens, et fait divers ouvrages sur la peinture, parmi les quels se trouvent:
Une dissertation sur les ouvrages des plus fameux peintres, compares avec ceux de Rubens,
& une description de plusieurs tableaux de Rubens.

...

Vita Petri Pauli Rubenii
Petrus Paulus Rubens Patrem habuit Joannem Antverpiae natum, qui postquam Italiam per septennium, ad capiendum ingenii cultum judiciumque confirmandum, peragrasset, et in utroque jure doctoratus gradum esset adeptus, reversus est in Belgium et Antverpiae senatoriâ dignitate per annos sex integros magnâ cum laude functus est, ac demum civilibus bellis exortis, quo procul ab iis, nimirum quietis amans ageret, patriam, cui propter administratae Reipublicae, justitiaeque merita charus erat, ultro reliquit, seque Coloniam Agrippinam cum uxore et liberis recepit, ubi anno salutis humanae 1577 natus est Petrus Paulus noster, qui prima litterarum rudimenta ibi percepit eâ ingenii felicitate, ut aequales facile excederet, donec anno 1587 post obitum patris, se cum matre Antverpiam, quae huc facilis aditus bonis omnibus quasi postliminio praebebat, cupide retulit, et reliquum studiosum cursum confecit.

...

Sed heu res mortalium fluxas et instabiles, ut lubrica est earum et incerta possessio. Petro Paulo ad culmen gloriae jam evecto, invida Mors (prae Dolor) manum injecit, et quod in eo mortale erat, rapuit, sed eius fama non potuit nocere, quae perennabit quamdiu scientiarum cultores erunt.
Decessit è vita anno 1640 aetatis 64 et sepultus Antverpiae in Ecclesia S^ti^ Jacobi in sacello a vidua, et liberis sepulturae eius et suorum extructo.

...

Quae vidua postea nupsit Baroni Joanni Bap^tae^ Broechoven de Bergeijck, Equiti ordinis Militaris S^ti^ Jacobi Regi Catholico a consiliis, status Belgii in Hispanicis et Belgicis provinciis, et eiusdem plenipotentiario pro pace inita Aquisgrani cum rege Christianissimo anno 1668.

...

hic sequitur epitaphium a Gevartio Rubenio consecratum

## APPENDIX 30[190]

### 1700 - Beschrijving van de Rubenskapel door Daniel Papebrochius
### 1700 - Description of the Rubens Chapel by Daniel Papebrochius

A.C. M.DC.XL.
Diem penultimum Maii, Vitaae ultimum habuit, aetatis suae anno LXIII, Belgii nostri aeternum decus PETRUS PAULUS RUBENIUS, aevi sui Apelles, ad S. Iacobi tumulatus post chorum, in eo sacello, quod novum in novo tunc ambitu ipse sibi suisque fabricari fecit, cum crypta mortuaria; nullo, quod mireris, in pavimento vel lateribus exstante epitaphio; existimantibus, credo, heredibus liberis, nullo opus ei esse, cuius memoriam per omnia fere huius urbis templa, ut de privatis aedibus taceam, servant tabulae ab eo elaboratae.

# NOTEN
# NOTES

Met hartelijke dank aan A. Balis, N. De Bruyn, J. De Landtsheer, D. De Ruysscher, E. Löffler N. De Poorter, R. De Smet, C. Eymael, M. D'Hooghe, M. Jacobs, M. Neumeister, A.-M. Philippaerts, M. Plassmann, R. Pons, H.-J. Raupp, B. Schepers, U. Schnorbus, B. van Beneden, V. Van de Kerckhof, J. Van den Nieuwenhuizen, C. van Havre, C. Van Mulders, M. Verweij en H. Vlieghe.

1 "ceste heureuse nativité, le 28 de Iuin 1577" (Appendix 27, afb. 1).

2 "ceste heureuse nativité, le 28 de Iuin 1577" en "gheboren in't jaer 1577 (*De Bie, 1662*, p. 55, 57)"; "il suo natale segui il giorno 28 di Giugno nell'anno 1577" (*Bellori, 1672*, p. 222; *Sparti, 2012*, p. 87).

3 "Ce fut là [*à Cologne*] que naquit nostre Pierre Paul Rubens en 1577" (*de Piles, 1677*, p. 183).

4 Zij zijn al opgesomd door *Rooses, 1903*, p. 15: *Bellori, 1672*; *Moreri, 1674*; *Sandrart, 1675*; *Baldinucci, 1681*; *Le Comte, 1699*; *Houbraken, 1718*; *Descamps, 1753*.

5 "La ville d'Anvers souffre avec peine qu'on lui dispute ce titre; & ceux qui ont écrit la vie de cet excellent homme, disent que ce lieu est celui de sa naissance.

With sincere thanks to A. Balis, N. De Bruyn, J. De Landtsheer, D. De Ruysscher, E. Löffler N. De Poorter, R. De Smet, C. Eymael, M. D'Hooghe, M. Jacobs, M. Neumeister, A.-M. Philippaerts, M. Plassmann, R. Pons, H.-J. Raupp, B. Schepers, U. Schnorbus, B. van Beneden, V. Van de Kerckhof, J. Van den Nieuwenhuizen, C. van Havre, C. Van Mulders, M. Verweij en H. Vlieghe.

1 "ceste heureuse nativité, le 28 de Iuin 1577" (Appendix 27, fig. 1).

2 "ceste heureuse nativité, le 28 de Iuin 1577" and "gheboren in't jaer 1577" (*De Bie, 1662*, p. 55, 57)"; "il suo natale segui il giorno 28 di Giugno nell'anno 1577" (*Bellori, 1672*, p. 222; *Sparti, 2012*, p. 87).

3 "Ce fut là [*à Cologne*] que naquit nostre Pierre Paul Rubens en 1577" (*de Piles, 1677*, p. 183).

4 They have been listed by *Rooses, 1903*, p. 15: *Bellori, 1672*; *Moreri, 1674*; *Sandrart, 1675*; *Baldinucci, 1681*; *Le Comte, 1699*; *Houbraken, 1718*; *Descamps, 1753*.

5 "La ville d'Anvers souffre avec peine qu'on lui dispute ce titre; & ceux qui ont écrit la vie de cet excellent homme, disent que ce lieu est celui de sa naissance.

Cependant la ville de Cologne se vante & se tient glorieuse de luy avoir donné le jour; l'une & l'autre ont leurs raisons: mais voicy la verité des choses qui regardent Rubens; j'ay pris soin de m'en instruire avec exactitude" (*de Piles, 1677*, p. 181-182).

6 *de Piles, 1677, Baldinucci, 1681*; *Bullart, 1682*; *Descamps, 1753*.

7 "Anvers est la ville de ceste heureuse nativité" en "den wel gheboren ende gheleerden Petrus Paulus Rubbens Edel Schilder van Antwerpen" (*De Bie, 1662*, p. 55, 57; Appendix 28); "nato della medesima Città" (*Bellori, 1672*, p. 222); *Moreri, 1674*; *Sandrart, 1675*.

8 *Bakhuizen van den Brink, 1853*, p. 136-138.

9 *Bakhuizen van den Brink, 1853*, p. 139.

10 *Ennen, 1861*, p. 1-28; *Kruse, 1927*, p. 32-37; *Kruse, 1940*, p. 1-10.

11 Appendix 25.

12 "seque Coloniam Agrippinam omni cum familia recepit, in eaque novemdecim annos transegit" (Appendix 15).

13 "Ick ben gheaffectionneert tot de stadt van Ceulen om dat ick aldaer ben opgevoet tot het tienste jaer myns leuens" (Appendix 25).

14 *Ennen, 1861*, p. 1-2, 27-28.

15 *Löcher, 1977*, p. 9.

16 "want ick myn huys te Ceulen ook opgebroken hebbe om te beter bij mijnen armen siecken man te moghen wesen" (*Bakhuizen van den Brink, 1853*, p. 138; *Bakhuizen van den Brink, 1861*, p.9).

17 Appendix 8.

18 "a condition que je n'ij seiourne non plus de deux ou trois jours sans bouger de la maison de Remond" (Appendix 8); voor Raymond Reingott, zie *Bakhuizen van den Brink, 1861*, p. 51-54.

19 Appendix 21.

20 *Génard, 1877*, p. 193, n.2; *Van den Branden, 1883*, p.371-372.

21 Op die dag ondertekende zij samen met haar moeder te Siegen een smeekschrift aan Johan van Nassau (Appendix 10).

22 *du Mortier, 1862*, p. 44; *Génard, 1877*, p. 13.

23 *Rooses, 1903*, p. 24.

Cependant la ville de Cologne se vante & se tient glorieuse de luy avoir donné le jour; l'une & l'autre ont leurs raisons: mais voicy la verité des choses qui regardent Rubens; j'ay pris soin de m'en instruire avec exactitude" (*de Piles, 1677*, p. 181-182).

6 *de Piles, 1677, Baldinucci, 1681*; *Bullart, 1682*; *Descamps, 1753*.

7 "Anvers est la ville de ceste heureuse nativité" and "den wel gheboren ende gheleerden Petrus Paulus Rubbens Edel Schilder van Antwerpen" (*De Bie, 1662*, p. 55, 57; Appendix 28); "nato della medesima Città" (*Bellori, 1672*, p. 222); *Moreri, 1674*; *Sandrart, 1675*.

8 *Bakhuizen van den Brink, 1853*, p. 136-138.

9 *Bakhuizen van den Brink, 1853*, p. 139.

10 *Ennen, 1861*, p. 1-28; *Kruse, 1927*, p. 32-37; *Kruse, 1940*, p. 1-10.

11 Appendix 25.

12 "seque Coloniam Agrippinam omni cum familia recepit, in eaque novemdecim annos transegit" (he established himself with his family in Cologne and has lived there for nineteen years; Appendix 15).

13 "Ick ben gheaffectionneert tot de stadt van Ceulen om dat ick aldaer ben opgevoet tot het tienste jaer myns leuens" (Appendix 25).

14 *Ennen, 1861*, p. 1-2, 27-28.

15 *Löcher, 1977*, p. 9.

16 "want ick myn huys te Ceulen ook opgebroken hebbe om te beter bij mijnen armen siecken man te moghen wesen" (*Bakhuizen van den Brink, 1853*, p. 138; *Bakhuizen van den Brink, 1861*, p.9).

17 Appendix 8.

18 "a condition que je n'ij seiourne non plus de deux ou trois jours sans bouger de la maison de Remond" (Appendix 8); for Raymond Reingott, zie *Bakhuizen van den Brink, 1861*, p. 51-54.

19 Appendix 21.

20 *Génard, 1877*, p. 193, n.2; *Van den Branden, 1883*, p.371-372.

21 That day she signed in Siegen, together with her mother, a request to Johan of Nassau (Appendix 10).

24 *Douxchamps, 1977*, p. 194-195; *Goole, 1977*, p. 194; *Tijs, 2004*, p. 19-31.
25 *Rombaut & Tijs, 2011*, col. 728, 732.
26 *Schmitt, 2009*, p. 9, 113.
27 Talrijke voorbeelden in *Duverger, 1984-2004*.
28 Om slechts enkele van de bekendste te noemen: Jan van Eycks *Portret van Margareta van Eyck* uit 1439 (paneel, 41,2 x 34,6 cm; Brugge, Groeningemuseum, inv. nr. GRO 0162.I; *Dhanens, 1980*, p. 302-306, 389, afb.) en Hans Memlings *Diptiek van Maarten van Nieuwenhoven* uit 1487 (paneel, 44,8 x 33,5 cm; Brugge, Sint-Janshospitaal; *De Vos, 1994*, p. 279-283, nr. 78, afb.).
29 Doek, 74,5 x 59 cm; Antwerpen, Koninklijk Museum voor Schone Kunsten, inv. nr. 793; H. Vey, in *Barnes, De Poorter, Millar & Vey, 2004*, p. 341, nr. III. 116, afb.
30 *Van den Branden, 1883*, p. 474.
31 *Van den Branden, 1883*, p. 477-478.
32 Appendix 29. In de tekst wordt verwezen naar een gebeurtenis uit 1668; de tekst werd door de auteur aan Roger de Piles gestuurd in maart 1676.
33 *de Reiffenberg, 1837*.
34 *Ennen, 1861*, bijl. 81. Dit archiefstuk is verloren gegaan en ook niet digitaal ter beschikking.
35 *Hollstein, 1956*, p. 27, nrs. 5-104.
36 Amsterdam, Rijksmuseum; Antwerpen, Stedelijk Prentenkabinet; Brussel, Koninklijke Bibliotheek; Brussel, Prentenkabinet van de Koninklijke Bibliotheek; Cambridge, Fitzwilliam Museum; Den Haag, Rijksbureau voor Kunsthistorische Documentatie, Dresden, Sächsische Landesbibliothek; Parijs, Bibliothèque Nationale; Wolfenbüttel, Herzog August Bibliothek.
37 Appendix 27.
38 B.v. het portret van Raffael, door zijn signatuur benoemd als een kopie naar Titiaan, maar in werkelijkheid een prent uit de omgeving van Hollar (*Suida, 1933*, p. 34, afb. LXIIIb).
39 *Lemmens, 1971*, p. 3.
40 *Hollstein, s.d.*, p. 216, nr. 106; *Hollstein,*

22 *du Mortier, 1862*, p. 44; *Génard, 1877*, p. 13.
23 *Rooses, 1903*, p. 24.
24 *Douxchamps, 1977*, p. 194-195; *Goole, 1977*, p. 194; *Tijs, 2004*, p. 19-31.
25 *Rombaut & Tijs, 2011*, col. 728, 732.
26 *Schmitt, 2009*, p. 9, 113.
27 Numerous examples in *Duverger, 1984-2004*.
28 To mention only a few of the best known: the *Portrait of Margareta van Eyck* by Jan van Eyck of 1439 (panel, 41 x 34,5 cm.; Bruges, Groeningemuseum, inv. no. GRO 0162.I; *Dhanens, 1980*, p. 302-306, 389, repr.) and the *Diptych of Maarten van Nieuwenhoven* by Hans Memling of 1487 (panel, 45 x 33,5 cm; Bruges, Sint-Janshospitaal; *De Vos, 1994*, p. 279-283, no. 78, repr.).
29 Canvas, 74,5 x 59 cm.; Antwerp, Koninklijk Museum voor Schone Kunsten, inv. no. 793; H. Vey, in *Barnes, De Poorter, Millar & Vey, 2004*, p. 341, no. III. 116, afb.
30 *Van den Branden, 1883*, p. 474.
31 *Van den Branden, 1883*, p. 477-478.
32 Appendix 29. The *Vita* describes an event that took place in 1668; and the text was sent to Roger de Piles by the author in March 1676.
33 *de Reiffenberg, 1837*.
34 *Ennen, 1861*, app. 81. This document is lost and not available digitally.
35 *Hollstein, 1956*, p. 27, nrs. 5-104.
36 Amsterdam, Rijksmuseum; Antwerp, Stedelijk Prentenkabinet; Brussels, Koninklijke Bibliotheek; Brussels, Prentenkabinet van de Koninklijke Bibliotheek; Cambridge, Fitzwilliam Museum; The Hague, Rijksbureau voor Kunsthistorische Documentatie, Dresden, Sächsiscshe Landesbibliothek; Paris, Bibliothèque Nationale; Wolfenbüttel, Herzog August Bibliothek.
37 Appendix 27.
38 E.g. the *Portrait of* Raphael, referred to as a copy after Titian, but in fact an engraving from the circle of W.Hollar (*Suida, 1933*, p. 34, afb. LXIIIb).
39 *Lemmens, 1971*, p. 3.

*1954*, p. 40, nr. 32; *Hollstein,1956*, p. 139, nr. 76; *Veldman & De Hoop Scheffer, 1976*, p. 170, nr. 70.

41 "Het Eerste Deel. Vande Vermaerste Schilders in onse Eeuw ghestorven zijnde", "Het Tweede Deel. Inhoudende den weert befaemden Lof vande vermaerste Schilders, Zijnde teghenwoordich in't leven" en "Het Derde Deel. Inhoudende den weert befaemden Lof der uytnemenste ende wijt-vermaerste Architecten, Belthouwers ende Plaetsnyders Van dese Eeuw soo doodt als in't leven zijnde" (*De Bie, 1662*, p. 36, 181, 419).

42 "ende al ist dat in mijn voorgaende deel eenighe wijtvermaerde ende Constvloyende Schilders vergheten sijn, oft dat ick in het begrijp van dit teghenwoordich boeck, sommighe overleden als levende Gheesten (die de Const oeffenen oft gheoeffent hebben) mocht voor by gaen, sult my gelieven te ontschuldigen, ende daer over niet berispen, uyt redenen dat ick my hebbe ghevoeght, naer den Plaetsnijer den welcken my gheen platen meer als daer in staen en heeft ghelevert, uyt oorsaecke oock dat ick niet veel met de uytstekende Meesters en hebbe verkeert" (*De Bie, 1662*, p. 183).

43 De prenten van Meyssens verwijzen enkel naar exacte geboortedata voor Rubens (28 juni 1577), Van Dyck (22 maart 1599), Jordaens (19 mei 1594), Erasmus Quellin (19 november 1607), Hendrik de Keyser (15 mei 1565), Jacob Matham (15 oktober 1571) en Pieter de Jode (22 november 1606).

44 Antwerpen, Felixarchief, Parochieregisters, 11, fol. 147 (*Barnes, De Poorter, Millar & Vey, 2004*, p. 1); Parochieregisters II, p. 25; (*d'Hulst, 1982*, p. 16, 327 n. 1), Ibidem, Parochieregisters III, p. 208 (*De Bruyn, 1988*, p. 20, 285).

45 In de titel van zijn boek verwijst De Bie daarnaar: "Schilders van dese Eeuw, hier inne meest naer het leven af-gebeldt" (*De Bie, 1662*, p. 1).

46 Doek, 81,5 x 59 cm; *d'Hulst, 1982*, p. 293, afb. 250.

47 *De Bruyn, 1988*, p. 34, 247, nr. 207, afb.

40 *Hollstein, s.d.*, p. 216, no. 106; *Hollstein, 1954*, p. 40, no. 32; *Hollstein,1956*, p. 139, no. 76; *Veldman & De Hoop Scheffer, 1976*, p. 170, no. 70.

41 "Het Eerste Deel. Vande Vermaerste Schilders in onse Eeuw ghestorven zijnde", "Het Tweede Deel. Inhoudende den weert befaemden Lof vande vermaerste Schilders, Zijnde teghenwoordich in't leven" en "Het Derde Deel. Inhoudende den weert befaemden Lof der uytnemenste ende wijt-vermaerste Architecten, Belthouwers ende Plaetsnyders Van dese Eeuw soo doodt als in't leven zijnde" (*De Bie, 1662*, p. 36, 181, 419).

42 "ende al ist dat in mijn voorgaende deel eenighe wijtvermaerde ende Constvloyende Schilders vergheten sijn, oft dat ick in het begrijp van dit teghenwoordich boeck, sommighe overleden als levende Gheesten (die de Const oeffenen oft gheoeffent hebben) mocht voor by gaen, sult my gelieven te ontschuldigen, ende daer over niet berispen, uyt redenen dat ick my hebbe ghevoeght, naer den Plaetsnijer den welcken my gheen platen meer als daer in staen en heeft ghelevert, uyt oorsaecke oock dat ick niet veel met de uytstekende Meesters en hebbe verkeert" (*De Bie, 1662*, p. 183).

43 Meyssens's prints only give exact dates of birth for the following artists: Rubens (28 June 1577), Van Dyck (22 March 1599), Jordaens (19 May 1594), Erasmus Quellin (19 November 1607), Hendrik de Keyser (15 May 1565), Jacob Matham (15 October 1571) en Pieter de Jode (22 November 1606).

44 Antwerp, Felixarchief, Parochieregisters, 11, fol. 147 (*Barnes, De Poorter, Millar & Vey, 2004*, p. 1); Parochieregisters II, p. 25; (*d'Hulst, 1982*, p. 16, 327 n. 1), Ibidem, Parochieregisters III, p. 208 (*De Bruyn, 1988*, p. 20, 285).

45 De Bie refers to it in the title of his book: "Schilders van dese Eeuw, hier inne meest naer het leven af-gebeldt" (*De Bie, 1662*, p. 1).

48 *Veldman & De Hoop Scheffer, 1976*, p. 171, nr. 71; *Depauw, 2002*, p. 167, nr. 321, afb.
49 Doek, 81,5 x 69,5 cm; *Renger & Denk, 2002*, p. 148-150, afb; *Neumeister, 2006*, p. 160 afb.; S. Barnes, in *Barnes, De Poorter, Millar & Vey, 2004*, p. 138, nr. I.159, afb.
50 "cet abrégé que j'ai tiré et dressé des mémoires que son fils aisné en a laissé" (Filips Rubens aan M. Picard, 11 februari 1676; *Ruelens, 1883*, p. 163).
51 *de Reiffenberg, 1837*, p. 3-4.
52 Brussel, Koninklijke Bibliotheek, Ms. 5730.
53 Brussel, Koninklijke Bibliotheek, Ms. 1378.
54 Brussel, Koninklijke Bibliotheek, Ms. 21740.
55 Brussel, Koninklijke Bibliotheek, Ms. 21740, *in fine*.
56 "Les auteurs de la grande collection sont établis et nommés au chef du premier volume, savoir le secrétaire t'Kint, l'abbé de Roovere, l'échevin Guillaume et le secrétaire Sr. Adolphe de Roovere, ladite collection achevée et mise en ordre par vous et moi" (Brussel, Koninklijke Bibliotheek, ms. 21740, *in fine*).
57 *White, 1987, passim.*
58 De datum moet onmiddellijk verspreid zijn geraakt. In 1642 vindt men hem al terug in de biografie van Baglione, die daarentegen over zijn geboortedatum niets te vertellen heeft (*Baglione, 1642*, p. 364).
59 *Van Herck, 1927*, p. 132-133; *Gerrits, 1977*, p. 23-24.
60 *Rooses, 1903*, p. 629; *Marijnissen & Van Liefferinge, 1968*, p. 133-134; *von Simson, 1983*, p. 61.
61 *Rombaut & Tijs, 2011*, col. 731.
62 "HOC MONUMENTUM A CLARISSIMO GEVARTIO OLIM PETRI PAULO RUBENIO CONSECRATUM APOSUIT HIC USQUE NEGLECTUM, RUBENIANA STIRPE MASCULINA JAM INDE EXTINCTA HOC ANNO MDCCLV PONI CURAVIT R.D. IOANNES BAPT. JACOBUS DE PARYS HUJUS INSIGNIS ECCLESIAE CANONICUS IN MATRE FAMILIA RUBENIANA NEPOS R.I.P."
63 "thatsächlich unwahr" (*Riegel, 1882*, p. 219).

46 Canvas, 81,5 x 59 cm.; *d'Hulst, 1982*, p. 293, fig. 250.
47 *De Bruyn, 1988*, p. 34, 247, nr. 207, repr.
48 *Veldman & De Hoop Scheffer, 1976*, p. 171, no. 71; *Depauw, 2002*, p. 167, nr. 321, repr.
49 Canvas, 81,5 x 69,5 cm.; *Renger & Denk, 2002*, p. 148-150, repr.; *Neumeister, 2006*, p. 160, repr.; S. Barnes, in *Barnes, De Poorter, Millar & Vey, 2004*, p. 138, no. I.159, fig.
50 "cet abrégé que j'ai tiré et dressé des mémoires que son fils aisné en a laissé" (Philip Rubens to M. Picard, 11 February 1676; *Ruelens, 1883*, p. 163).
51 *de Reiffenberg, 1837*, p. 3-4.
52 Brussels, Koninklijke Bibliotheek, Ms. 5730.
53 Brussels, Koninklijke Bibliotheek, Ms. 1378.
54 Brussels, Koninklijke Bibliotheek, Ms. 21740.
55 Brussels, Koninklijke Bibliotheek, Ms. 21740, *in fine*.
56 "Les auteurs de la grande collection sont établis et nommés au chef du premier volume, savoir le secrétaire t'Kint, l'abbé de Roovere, l'échevin Guillaume et le secrétaire Sr. Adolphe de Roovere, ladite collection achevée et mise en ordre par vous et moi" (Brussels, Koninklijke Bibliotheek, ms. 21740, *in fine*).
57 *White, 1987, passim.*
58 This date became known widely early on. We find it already in 1642 in the biography of Baglione; he has however no indication of Rubens's date of birth (*Baglione, 1642*, p. 364).
59 *Van Herck, 1927*, p. 132-133; *Gerrits, 1977*, p. 23-24.
60 *Rooses, 1903*, p. 629; *Marijnissen & Van Liefferinge, 1968*, p. 133-134; *von Simson, 1983*. p. 61.
61 *Rombaut & Tijs, 2011*, col. 731.
62 "HOC MONUMENTUM A CLARISSIMO GEVARTIO OLIM PETRI PAULO RUBENIO CONSECRATUM APOSUIT HIC USQUE NEGLECTUM, RUBENIANA STIRPE MASCULINA JAM INDE EXTINCTA HOC ANNO MDCCLV PONI CURAVIT R.D. IOANNES BAPT. JACOBUS DE PARYS HUJUS INSIGNIS ECCLESIAE CANONICUS IN MATRE FAMILIA RUBENIANA NEPOS R.I.P."

64 “Le 19 [Juillet1663] ie passay par l’Église S. Jacques pour voir la sépulture de Rubens, que ie croyois estre quelque chose de considerable, et ce n’est qu’une inscription contre la muraille” (*de Monconys, 1666*, p. 115).

65 Appendix 30.

66 “Schon im 18. Jahrhundert war dieses scheinbar eher bescheidene und vielleicht aus wenig dauerhaftem Material hergesttellte Epitaph nicht mehr vorhanden” (*Söding, 1986*, p. 34).

67 Antwerpen, Felixarchief, inv. 105# 641-642; *Verachter, 1843,* p.16; *Génard, 1896,* p.260. Söding heeft reeds aangetoond dat de tekening niet naar een bestaand monument gekopieerd kan zijn (*Söding, 1986*, p. 35, afb. 5).

68 “Quibus” voor “Qui”; “prisces” voor “priscae”; “bonarartium” voor “bonarum artium”, “sut voor “sui” etc.

69 “hic sequitur epitaphium a Gevartio Rubenio consecratum” (Appendix 29).

70 Brussel, Koninklijke Bibliotheek, Ms. 21.363, fol. 85 (*Ruelens, 1882*, p. 250; *Hoc, 1922*, p. 49; *Sacré, 2004*, p. 373, n. 8).

71 Dit handschrift bevat ook de kopie van de opdracht die Gevartius heeft neergeschreven in een exemplaar van Vasari’s *Vite de’ Pittori* van 1568 dat hij aan Rubens geschonken had (“NOBILI ET INCOMPARABILI VIRI D. PET. PAVLO. RVBENIO. Equiti Steynii Toparchae Regio Sanctiori Consilii Secretario Non minus Omnigenae Disciplinae Scientia Quam Rerum gerendarum solentia Spectatissimo Pictorum Omnis Aevi Coryphaeo Vitas Hasce Lubens Dono Dedit Casp. Gevartius” (Brussel, Koninklijke Bibliotheek, Ms. 21.363, fol. [141]. Volgens een notitie van François Mols behoorde dit boek in 1771 toe aan de Brusselse bankier Danoot. Zijn huidige bewaarplaats is onbekend (*McGrath, 1997*, p. 56, n. 9; *Arents, 2001*, p. 104-105, nr. B 3; *De Schepper, 2004*, p. 65, nr. 29).

72 Zie noot 69.

63 “thatsächlich unwahr” (*Riegel, 1882*, p. 219).

64 “Le 19 [Juillet1663] ie passay par l’Église S. Jacques pour voir la sépulture de Rubens, que ie croyois estre quelque chose de considerable, et ce n’est qu’une inscription contre la muraille” (*de Monconys, 1666*, p. 115).

65 Appendix 30.

66 “Schon im 18. Jahrhundert war dieses scheinbar eher bescheidene und vielleicht aus wenig dauerhaftem Material hergesttellte Epitaph nicht mehr vorhanden” (*Söding, 1986*, p. 34).

67 Antwerpen, Felixarchief, inv. 105# 641-642; *Verachter, 1843,* p.16; *Génard, 1896,* p.260., repr. Söding has already shown that the drawing cannot have been based on an existing monument (*Söding, 1986*, p. 35, fig. 5).

68 “Quibus” for “ Qui”; “ prisces” for “priscae”; “bonarartium” for “bonarum artium”, “sut” for “sui” etc.

69 “hic sequitur epitaphium a Gevartio Rubenio consecratum” (Appendix 29).

70 Brussel, Koninklijke Bibliotheek, Ms. 21.363, fol. 85 (*Ruelens, 1882*, p. 250; *Hoc, 1922*, p. 49; *Sacré, 2004*, p. 373, n. 8).

71 This manuscript also contains a copy of the inscription written by Gevartius in the copy of Vasari’s 1568 *Vite de’ Pittori* which he gave to Rubens (“NOBILI ET INCOMPARABILI VIRI D. PET. PAVLO. RVBENIO. Equiti Steynii Toparchae Regio Sanctiori Consilii Secretario Non minus Omnigenae Disciplinae Scientia Quam Rerum gerendarum solentia Spectatissimo Pictorum Omnis Aevi Coryphaeo Vitas Hasce Lubens Dono Dedit Casp. Gevartius” (Brussel, Koninklijke Bibliotheek, Ms. 21.363, fol. [141]. A note by François Mols informs us that in 1771 this book belonged to the Brussels banker Danoot. Its present whereabouts is unknown (*McGrath, 1997*, p. 56, n. 9; *Arents, 2001*, p. 104-105, no. B 3; *De Schepper, 2004*, p. 65, no. 29).

72 See note 69.

73 “Sed ut finem imponam, restat epigraphica inscriptio quam clarissimus Gevartius Rubenio intimo suo fecit” (but

73 "Sed ut finem imponam, restat epigraphica inscriptio quam clarissimus Gevartius Rubenio intimo suo fecit" (*de Reiffenberg, 1837*, p. 11).

74 "Cependant il y a ici des personnes qui ne veulent pas qu'il ait jamais esté secrétaire d'État, ni qu'il ait eu la qualité d'ambassadeur, mais seulement d'envoyé, et que le roy d'Angleterre envoya pareillement au roy d'Espagne, en même temps, un peintre appelé Balthasar Gerbier, et que l'un ny l'autre n'estoient envoyez pour la paix, mais pour affaire de peu d'importance. Pour moy, je ne le puis croire après avoir vu son Épitaphe" (brief van Roger de Piles aan Filips Rubens, 5 juni 1676; *Ruelens, 1883*, p. 167-168).

75 Inv 11.XVI.B3.g1 en 11.XVI.B3.g2.

76 AD ARCHIVUM ARAUSIO-NASSAUIENSE DILLENBERGICUM (Den Haag, Koninklijk Huisarchief, inv 11.XVI B3-g1).

77 Appendix 6, 8, 10, 11.

78 "Ioannis Rubenii supplicatio transmisso Illustrissimo Domino, Principi Auriaco per Ioannem Taffinum, qui tunc Segenam a Domino Principe ablegatus venerat. Anno 1577 in Ianuario. (Verzoekschrift van Jan Rubens, overhandigd aan Zijne Doorluchtige Heer de prins van Oranje, via Jean Taffin, die toen naar Siegen was gegaan als afgezant van de Heer Prins"; Appendix 6); *Van der Linde, 2009*, p. 51. De titel is in hetzelfde handschrift als de randnotitie bij het request van Jan Rubens betreffende zijn reis naar Keulen in april 1577 (Appendix 8, afb. 24). Dit wijst erop dat beide teksten door een een medewerker van Johan van Nassau werden opgetekend.

79 "horrore" voor "honore" (fol. 62), "qualorem" voor squalorem" (fol. 65-76), "monentum" voor "momentum", "servent" voor "servet" (fol. 80).

80 *Bakhuizen van den Brink, 1853*, p. 140-142.

81 *Van Roosbroeck, Pijpelinckx, 1981*, col. 613.

82 De tekst in de linkerkolom is kleiner of groter geschreven naargelang de beschikbare plaats; op verschillende plaatsen, b.v.op fol. 66v, loopt hij door tussen de regels van de rechterkolom.

in order to bring this matter to an end, there remains the epitaph which the famous Gevartius made for his friend Rubens; *de Reiffenberg, 1837*, p. 11).

74 "Cependant il y a ici des personnes qui ne veulent pas qu'il ait jamais esté secrétaire d'État, ni qu'il ait eu la qualité d'ambassadeur, mais seulement d'envoyé, et que le roy d'Angleterre envoya pareillement au roy d'Espagne, en même temps, un peintre appelé Balthasar Gerbier, et que l'un ny l'autre n'estoient envoyez pour la paix, mais pour affaire de peu d'importance. Pour moy, je ne le puis croire après avoir vu son Épitaphe" (letter from Roger de Piles to Philip Rubens, 5 June 1676; *Ruelens, 1883*, p. 167-168).

75 Inv 11.XVI.B3.g1 en 11.XVI.B3.g2.

76 AD ARCHIVUM ARAUSIO-NASSAUIENSE DILLENBERGICUM (The Hague, Royal Archives, inv. No. 11.XVI B3-g1).

77 Appendix 6, 8, 10, 11.

78 "Ioannis Rubenii supplicatio transmisso Illustrissimo Domino, Principi Auriaco per Ioannem Taffinum, qui tunc Segenam a Domino Principe ablegatus venerat. Anno 1577 in Ianuario. (Request of Jan Rubens, handed to his Excellency the Prince of Orange by Jean Taffin, who had gone to Siegen as representative of the Prince; Appendix 6); *Van der Linde, 2009*, p. 51. The title shows the same handwriting as the note in the margin of Jan Rubens's request concerning his trip to Cologne in April 1577 (Appendix 8, fig. 24). This indicates that both texts were written by a collaborator of Johan of Nassau.

79 "horrore" voor "honore" (fol. 62), "qualorem" voor squalorem" (fol. 65-76), "monentum" voor "momentum", "servent" voor "servet" (fol. 80).

80 *Bakhuizen van den Brink, 1853*, p. 140-142.

81 *Van Roosbroeck, Pijpelinckx, 1981*, col. 613.

82 The words in the left column are written smaller or larger depending on the space available; in a few cases they cross over into the lines of the right column.

83 Appendix 11.

83 Appendix 11.
84 "je me persuade assez que Son Excellence le rejettera sur son frère sans s'en vouloir mesler" (*Génard, 1882*, p. 53; *Gerlo & De Smet*, 1992, p. 87).
85 Appendix 6, fol. 80: vogelkop in een schild (Hauptstaatsarchiv Stuttgart, Bestand J 340, Wasserzeichnungensammlung Piccard, Nr. 41808).
86 "quintum iam annum cum perpetuo mortis probrosae metu & horrore in carcere custoditum" (nu al vijf jaar met een voortdurende angst en huiver voor een smadelijke dood in de gevangenis"; Appendix 6).
87 *Bakhuizen van den Brink, 1853*, p. 157.
88 "pertulisse vero illum viginti sex menses arcti molestiam & squalorem carceris" (dat hij zesentwintig maanden de last van nauwe ruimte en de vunzigheid van een kerker heeft verduurd; Appendix 6)
89 "tollerasse iam 34 menses custodiam laxiorem quidem llam" (dat hij al 34 maanden een weliswaar lichtere vorm van gevangenschap heeft verdragen; Appendix 6)
90 "a caelum hominum & Ecclesiae limine arcet, loco incommodo, semoto & angusto inter totidem inimicos quot habet incolas" (hij wordt ver gehouden van de open lucht en de drempel van de kerk, op een weinig gerieflijke, afgelegen en benepen plaats, omringd door evenveel vijanden als er inwoners zijn; Appendix 6)
91 "toto hoc tempore (id quinquennium impletum) eum capiti suo continuo impendentem cernere gladium" (terwijl bij al die tijd (volle vijf jaar) voortdurend het zwaard boven zijn hoofd ziet hangen; (Appendix 6).
92 "Rogamus ut per te liceat nobis rus aliquo ad paternos agros procul a foro & strepitu ... secedere, ubi quod supererit tuo beneficio vitae innocenter, clam in solitudine transigamus" (Wij vragen dat u ons de toestemming geeft om ons ergens op de buiten, op ons familiedomein terug te trekken, ver van de drukte van het openbaar leven, ...,

84 "je me persuade assez que Son Excellence le rejettera sur son frère sans s'en vouloir mesler" (*Génard, 1882*, p. 53; *Gerlo & De Smet*, 1992, p. 87).
85 Appendix 6, fol. 80: head of a bird in a shield (Hauptstaatsarchiv Stuttgart, Bestand J 340, Wasserzeichnungensammlung Piccard, no. 41808).
86 "quintum iam annum cum perpetuo mortis probrosae metu & horrore in carcere custoditum" (five years locked in prison so far, in constant fear and terror of a shameful death; Appendix 6).
87 *Bakhuizen van den Brink, 1853*, p. 157.
88 "pertulisse vero illum viginti sex menses arcti molestiam & squalorem carceris" (that he has suffered for twenty-six months the misery of confined space and filthiness in gaol; Appendix 6).
89 "tollerasse iam 34 menses custodiam laxiorem quidem illam" (that he has endured for thirty-four months now an admitttedly less arduous form of captivity; Appendix 6)
90 "a caelum hominum & Ecclesiae limine arcet, loco incommodo, semoto & angusto inter totidem inimicos quot habet incolas" (he has been deprived of fresh air, human company and church attendance, in a small and inconventiently remote place, and with as many enemies as there are inhabitants; Appendix 6)
91 "toto hoc tempore (id quinquennium impletum) eum capiti suo continuo impendentem cernere gladium" (while in all this time - a full five years – he has lived constantly with the image of a sword swinging over his head; Appendix 6).
92 "Rogamus ut per te liceat nobis rus aliquo ad paternos agros procul a foro & strepitu ... secedere, ubi quod supererit tuo beneficio vitae innocenter, clam in solitudine transigamus" (W" ask for your permission to retire to the country,in our own land, far from the stress of public life, where thanks to your generosity we would spend what is left of our lives in innocence and quietness; Appendix 6).
93 Appendix 25.

waar wij dankzij uw weldaad wat ons nog rest van ons leven mogen doorbrengen in alle onschuld, verborgenheid en afzondering; Appendix 6).

93 Appendix 25.

94 Antwerpen, Felixarchief, Klapper dopen, 355, nrs. 1, 37, 62, 114.

95 *Rombaut & Tijs, 2011*, col. 737.

96 De doopboeken te Siegen klimmen niet hoger op dan 1621 (*Bakhuizen van den Brink, 1853*, p. 139). In 1927 heeft Kruse zonder succes naar nieuwe data gezocht in de archieven van Siegen (*Kruse, 1927*, p. 33).

97 *Génard, 1877*, p. 193, n. 2.

98 *Bullart, 1682*, p. 471

99 "Sed exortas patriae turbas fugientes, vt permulti tum graues & cordati viri, Coloniam Agrippinam se contulerunt Vbi anno salutis humanae M.D.LXXIV. V. Kal. Maius natus est Philippus noster" (Appendix 23).

100 "demum civilibus bellis exortis ... ultra reliquit, seque Coloniam Agrippinam cum uxore et liberis recepit, ubi anno salutis humanae 1577 natus est Petrus Paulus noster" (Appendix 29).

101 Zie noot 99.

102 Zie noot 100.

103 Appendix 18.

104 Appendix 24.

105 *Van den Branden, 1883*, p. 444; *Ertz, 1979*, p. 14.

106 *Van de Velde, Van Balen, 1996*, p. 107.

107 Voor De Bie zie noot 108; "finche peruenuto all'età di 63 anni quasi compiti, venne meno con dolore di tutti, il giorno 30 di Maggio 1640" (*Bellori, 1672*, p. 246).

108 "Daer by oock Titiaen uytstekende van gheest die by de hondert jaer een Schilder is geweest Maer als ick overloop de drye-en-sestich jaeren die Rubbens heeft beleeft en was in Const ervaren soo vindt ick wel te rechte dat hy heeft overtreft de oude Meesters die de Faem ons soo verheft" (*De Bie, 1662*, p. 56).

109 "Insignis plane & impudentis audaciae rarum prima specie exemplum videri queat, foeminam abiectam, exulem, peregrinam, & modis omnibus miseram, cum quinque parvis aeque infoelicibus

94 Antwerp, Felixarchief, Klapper dopen, 355, nos. 1, 37, 62, 114.

95 *Rombaut & Tijs, 2011*, col. 737.

96 The registers of baptisms in Siegen are only available from 1621 onwards (*Bakhuizen van den Brink, 1853*, p. 139). In 1927, Kruse has tried without success to find new data in the archives of Siegen (*Kruse, 1927, p. 33*).

97 *Génard, 1877*, p. 193, n. 2.

98 *Bullart, 1682*, p. 471

99 "Sed exortas patriae turbas fugientes, vt permulti tum graues & cordati viri, Coloniam Agrippinam se contulerunt Vbi anno salutis humanae M.D.LXXIV. V. Kal. Maius natus est Philippus noster" (but having fled the rioting in his fatherland, like many other serious and brave people, they retired to Cologne, where in the year 1574 on the 5th after the Calends of May, our Philip was born" (Appendix 23).

100 "demum civilibus bellis exortis ... ultra reliquit, seque Coloniam Agrippinam cum uxore et liberis recepit, ubi anno salutis humanae 1577 natus est Petrus Paulus noster" (finally forced out by the civil war, he left with his wife and children and established himself in Cologne, where in the year of our salvation 1577 our Peter Paul was born; Appendix 29).

101 See note 99.

102 See note 100.

103 Appendix 18.

104 Appendix 24.

105 *Van den Branden, 1883*, p. 444; *Ertz, 1979*, p. 14.

106 *Van de Velde, 1996*, p. 107.

107 For De Bie zie noot 108; "finche peruenuto all'età di 63 anni quasi compiti, venne meno con dolore di tutti, il giorno 30 di Maggio 1640" (*Bellori, 1672*, p. 246).

108 "Daer by oock Titiaen uytstekende van gheest die by de hondert jaer een Schilder is geweest Maer als ick overloop de drye-en-sestich jaeren die Rubbens heeft beleeft en was in Const ervaren soo vindt ick wel te rechte dat hy heeft overtreft de oude Meesters die de Faem ons soo verheft" (*De Bie, 1662*, p. 56).

liberis ... importunius compellare, & molestius deprecari ausam esse" (Het kan een zeldzaam voorbeeld van echt uitzonderlijke en onbeschaamde brutaliteit lijken dat een vrouw, een verworpene, een balling, een vreemde die op allerlei manieren in diepe ellende verzonken is, met vijf kleine en al even ongelukkige kinderen, het gewaagd heeft om u lastig te vallen en te smeken; Appendix 6).

110 *Génard, 1877*, p. 11, n. 2; *Rooses, 1903*, p. 14-15.

111 Kuringen is voorgesteld door Mantelius (*Mantelius, 1663*, p. 127), Lier door F. Goole (*Goole, 1977*, p. 194), beide zonder echte argumenten.

112 "Ceste requeste a Monseigneur le Conte au suppliant ottroiée, qui est sur cela party de Siegen le 2* d'Auril lan 1577, & retourné enuiron douze jours apres" (Appendix 8). Aangezien hij op 26 april 1577 in Keulen een volmacht liet optekenen aan zijn vrouw en enkele familieleden (Appendix 9), kan hij niet op 2 april vertrokken zijn, maar ten vroegste op 20 april. Het tweede cijfer van de datum is niet ingevuld.

113 Appendix 6, 7, 10.

114 *Kruse, 1927; Kruse, 1940.*

115 Appendix 26.

116 Zie noot 100.

117 *Vey, 1969*, p. 97-99.

118 Appendix 15.

119 Appendix 16.

120 Appendix 17.

121 Appendix 19.

122 Appendix 20, 22.

123 Appendix 22, 29.

124 *Rooses, 1908-1910*, col. 313; *De Landtsheer, 2005*, col. 546.

125 *Génard, 1877*, p. 14

126 *Van den Branden, 1883*, p. 371-372.

127 *Rombaut & Tijs, 2011*, col. 734-735.

128 Appendix 21. Filips Rubens kan geoordeeld hebben dat het veiliger was zich opnieuw als poorter van Antwerpen te laten erkennen omdat hij officieel had toegegeven buiten de stad geboren te zijn geweest.

129 Appendix 19.

130 Appendix 20; *Laenens, 1977*, p. 94

109 "Insignis plane & impudentis audaciae rarum prima specie exemplum videri queat, foeminam abiectam, exulem, peregrinam, & modis omnibus miseram, cum quinque parvis aeque infoelicibus liberis ... importunius compellare, & molestius deprecari ausam esse" (It may seem at first sight to be a rare example of extreme impudence that a woman, derelict and outcast, a foreigner wretched in every way, and with five small and equally unfortunate children, has ventured to perturb you with a request; Appendix 6).

110 *Génard, 1877*, p. 11, n. 2; *Rooses, 1903*, p. 14-15.

111 Kuringen has been suggested by Mantelius (*Mantelius, 1663*, p. 127), Lier by Goole ( *Goole, 1977*, p. 194), both without arguments.

112 "Ceste requeste a Monseigneur le Conte au suppliant ottroiée, qui est sur cela party de Siegen le 2* d'Auril lan 1577, & retourné enuiron douze jours apres" (Appendix 8). Since a power of attorney authorizing his wife and a few members of his family was signed in Cologne on 26 April 1577 (Appendix 9), he cannot have left on 2 April, but at the earliest on the 20th.The second digit of the number has not been filled in.

113 Appendix 6, 7, 10.

114 *Kruse, 1927; Kruse, 1940.*

115 Appendix 26.

116 See note 100.

117 *Vey, 1969*, p. 97-99.

118 Appendix 15.

119 Appendix 16.

120 Appendix 17.

121 Appendix 19.

122 Appendix 20, 22.

123 Appendix 22, 29.

124 *Rooses, 1908-1910*, col. 313; *De Landtsheer, 2005*, col. 546.

125 *Génard, 1877*, p. 14

126 *Van den Branden, 1883*, p. 371-372.

127 *Rombaut & Tijs, 2011*, col. 734-735.

128 Appendix 21. Philip Rubens can have reckoned that it was safer to have his Antwerp citizenship reconfirmed because he had admitted personally that he was born outside of the city.

131 Appendix 22.
132 Twee onder talrijke voorbeelden: Jan Gossaert, meester in 1503 (*Folie, 1996*, p. 22) en Otto van Veen, meester in 1593 (*Van de Velde, Van Veen, 1996*, p. 115).
133 Appendix 11.
134 Bij de verdeling van de nalatenschap van Jan de Lantmeter zette Hendrik Pijpelinckx, Maria's vader, zich in om de belangen van de kindereen van Jan Rubens te vrijwaren (zie Appendix 4) en in april 1577 verklaarde de familie Pijpelinckx zich bereid Jan Rubens in een van hun huizen in Nispen of in Lier op te vangen, indien zijn verzoek om Siegen te mogen verlaten werd ingewilligd (zie noot 158); Filips de Lantmeter, Jans broer, bracht op 17 mei 1577 een brief van Jan Rubens aan Marnix van Sint-Aldegonde over, die hij al een maand eerder had geschreven ("Monsieur Rubens, Vostre frère m'a hier livré vostre lettre du 16 avril insistante pour avoir favorable appoinctement sur vostre requeste", *Gerlo & De Smet, 1992*, p. 87). Dat doet vermoeden dat Filips op 26 april 1577 te Keulen aanwezig was als Jan Rubens aan hem, en aan Maria, Hendrik en Denijs Pijpelinckx volmacht gaf om de belangen van zijn kinderen te behartigen in de nalatenschap van Jan de Lantmeter (Appendix 9). De Keulse ambtenaar noteerde dat de genoemde personen "absentes tanquam presentes" waren.
135 *Rombaut & Tijs, 2011*, col. 737.
136 *Génard, 1877*, p. 180-183; *Rombaut & Tijs, 2011*, col. 734.
137 Appendix 1.
138 *Rombaut & Tijs, 2011*, col. 734; zie ook *Büttner, 2006*, p. 18.
139 Die datum wordt vermeld in de overeenkomst van 6 augustus 1576: "naer voorgaende lotinghe ende cauelinghe geschiet opten xvij.en maij lestleden" (Appendix 5)
140 "verkiesende zyn sepulture alhier tot Antwerpen in de Begaerden kercke by wylen zyn lieue huysvrouwe Barbara Spierinx" (Appendix 1).
141 *Vande Weghe, 1977*, p. 99.

129 Appendix 19.
130 Appendix 20; *Laenens, 1977*, p. 94
131 Appendix 22.
132 Two among many examples of immigrants accepted as master without having been registered as new citizens: Jan Gossaert in 1503 (*Folie, 1996*, p. 22) and Otto van Veen in 1593 (*Van de Velde, Van Veen, 1996*, p. 115).
133 Appendix 11.
134 Hendrik Pijpelinckx, Maria's father, defended the interests of Jan's children in the repartition of the estate of their grandfather Jan de Lantmeter (see Appendix 4). Moreover, in April 1577 the Pijpelinckx family were preparing to receive Jan Rubens in one of their houses in Nispen or in Lier, in case his request to leave Siegen was granted (see note 158). Philip de Lantmeter handed over to Philip Marnix van Sint-Aldegonde on 17 May 1577 a letter which Jan had written on 18 April 1577 (see note 158). It seems likely that his half-brother was present in Cologne on 26 april 1577 when Jan Rubens appointed him, together with Maria Pijpelinckx and Denijs Pijpelinckx representatives of his children (Appendix 9). The magistrates noted that some of these persons were present, others not ("absentes tanquam presentes").
135 *Rombaut & Tijs, 2011*, col. 737.
136 *Génard, 1877*, p. 180-183; *Rombaut & Tijs, 2011*, col. 734.
137 Appendix 1.
138 *Rombaut & Tijs, 2011*, col. 734.
139 This date is mentioned in the agreement of 6 August 1576 ("naer voorgaende lotinghe ende cauelinghe geschiet opten xvij.en maij lestleden" (Appendix 5).
140 "verkiesende zyn sepulture alhier tot Antwerpen in de Begaerden kercke by wylen zyn lieue huysvrouwe Barbara Spierinx" (Appendix 1).
141 *Vande Weghe, 1977*, p. 99.
142 Appendix 2.
143 *Génard, 1877*, p. 148.
144 *Rombaut & Tijs, 2011*, col. 733-734.
145 "Henrick Pypelinck, als grootvader vanden wettigen kinderen Jouffrouwe

142 Appendix 2.
143 *Génard, 1877*, p. 148.
144 *Rombaut & Tijs, 2011*, col. 733-734.
145 "Henrick Pypelinck, als grootvader vanden wettigen kinderen Jouffrouwe Marie Pypelincx, zynre dichtere, gheinstitueeerde erfgenamen vanden voorseiden wylen Jan Lantmeters ende Barbara Arens, quos suscepit, hem daervore sterckmakende" (Appendix 5).
146 Appendix 4.
147 *Génard, 1877*, p. 156-157.
148 "vercleere ende beloue dat ick alsulcken obligatie ende transport van goeden ... houde ende achte voer doot ende van niet, ..., soo volcken als ick quame voer hem te stervuen" (Appendix 3).
149 "gebuerdet dat onse kinderen voer my doot waeren" (Appendix 3).
150 Appendix 2.
151 Appendix 12.
152 Appendix 13.
153 Appendix 14.
154 "attestamur Honestum ac Doctum uirum Johannem Rubens, filium Bartholomei J. v. Doctorem et Ciuem Incolae Ciuitatis Andouerpiensis coram nobis personaliter comparuisse" (wij bevestigen dat de eerbare en wijze heer Johannes Rubens, zoon van Bartholomeus, doctor en poorter van de stad Antwerpen voor ons verschenen is, Appendix 9).
155 Appendix 6.
156 "il a pleu à ce bon dieu, source de toute isèricorde, me consoler un peu, m'ayant donné le moyen inespéré de pouuoir supplier a Monsieur le Prince d'Orange vostre frère" (Appendix 10).
157 Emotioneel beschreven door *Génard, 1877*, p. 201 en *Van den Branden, 1883*, p. 365.
158 "Vostre frère m'a hier livré vostre lettre du 16 avril insistante pour avoir favorable appoinctement sur vostre requeste, laquelle je n'ay encor exhibée à Son Excellence, attendant quelque opportunité meilleure, comme j'en ay parlé à vostre frère. Et de fait je vous conseilleroye avoir encore un peu de patience" (*Gerlo & De Smet*, 1992, p. 87).

Marie Pypelincx, zynre dichtere, gheinstitueeerde erfgenamen vanden voorseiden wylen Jan Lantmeters ende Barbara Arens, quos suscepit, hem daervore sterckmakende" (Appendix 5).
146 Appendix 4.
147 *Génard, 1877*, p. 156-157.
148 "vercleere ende beloue dat ick alsulcken obligatie ende transport van goeden ... houde ende achte voer doot ende van niet, ..., soo volcken als ick quame voer hem te stervuen" (Appendix 3).
149 "gebuerdet dat onse kinderen voer my doot waeren" (Appendix 3).
150 Appendix 2.
151 Appendix 12.
152 Appendix 13.
153 Appendix 14.
154 "attestamur Honestum ac Doctum uirum Johannem Rubens, filium Bartholomei J. v. Doctorem et Ciuem Incolae Ciuitatis Andouerpiensis coram nobis personaliter comparuisse" (we testify that the honourable and learned sir Johannes Rubens, son of Bartholomeus, doctor and citizen of the city of Antwerp has appeared before us; Appendix 9).
155 Appendix 6.
156 "il a pleu à ce bon dieu, source de toute miséricorde, me consoler un peu, m'ayant donné le moyen inespéré de pouuoir supplier a Monsieur le Prince d'Orange vostre frère" (Appendix 10).
157 Emotioneel beschreven door *Génard, 1877*, p. 201 en *Van den Branden, 1883*, p. 365.
158 "Vostre frère m'a hier livré vostre lettre du 16 avril insistante pour avoir favorable appoinctement sur vostre requeste, laquelle je n'ay encor exhibée à Son Excellence, attendant quelque opportunité meilleure, comme j'en ay parlé à vostre frère. Et de fait je vous conseilleroye avoir encore un peu de patience" (*Gerlo & De Smet*, 1992, p. 87).
159 "vn petit village appelé Nispen, subiect à Monsieur le Prince d'Oranges, solitaire et esloigné des bonnes villes et gens, ou mes parens ont une maison aux champs propre pour se cacher et nous nourrir sans schandale. ... une seule maison où

159 "vn petit village appelé Nispen, subiect à Monsieur le Prince d'Oranges, solitaire et esloigné des bonnes villes et gens, ou mes parens ont une maison aux champs propre pour se cacher et nous nourrir sans schandale. ... une seule maison où mes parens se tiennent à Lire, petite ville en Brabant ... Aix, Duijsburch, le territoire de Cleue, Julliers" (Appendix 10).
160 Appendix 11.
161 Antwerpen, Archief van Havre; *Génard, 1877*, p. 149-156; *De Bruyn, 2006*, p. 123-127.
162 Antwerpen, Archief van Havre; *Génard, 1877*, p. 141-143; *De Bruyn, 2006*, p. 153-154.
163 Antwerpen, Felixarchief (Genealogisch Fonds, inv. nr. GF 75); *Génard, 1877*, p. 144-145.
164 Antwerpen, Felixarchief (Rekenkamer, nr. 2568); *Génard, 1877*, p. 186-187;
165 Antwerpen, Felixarchief (Schepenregisters, 347, fol. 111-118); *Génard, 1877*, p. 157-174.
166 Den Haag, Koninklijk Huisarchief (inv. 11, XVI B 3-g 1, fol. 61-62, 75-77, 79v-80).
167 Wiesbaden, Staatsarchiv (Abt. 171 Nr. R 738, fol. 13).
168 Den Haag, Koninklijk Huisarchief (inv. 11, XVI B 3-g 2, fol. 207); *Bakhuizen van den Brink, 1861*, p. 39-40; *Du Mortier, 1862*, p. 57; *Génard, 1877*, p. 177-178.
169 Keulen, Historisches Archiv (Best. 20, Briefbuch 97, fol. 67-68); *Ennen, 1861*, p. 74-76; *Du Mortier, 1861*, p. 74-76; *Génard, 1877*, p. 178-180; *Génard, 1882*, p.49-51; *Rooses, 1903*, p. 21-22.
170 Den Haag, Koninklijk Huisarchief (inv. A 11, XVI B 3-g 2, fol. 208-209v); *Bakhuizen van den Brink, 1861*, p. 40-43, *Du Mortier, 1862*, p. 58-60; *Génard, 1877*, p. 201-204; *Pletz, 1977*, p. 119.
171 Haag, Koninklijk Huisarchief (inv. nr. 11. XVIb 3g1 fol. 82-84v); *Bakhuizen van den Brink, 1853*, p. 167-168.
172 Antwerpen, Felixarchief (Schepenregisters, 373, fol. 355v-356); *Verachter, 1840*, p. 37-38; *Génard, 1877*, p. 255-256.

mes parens se tiennent à Lire, petite ville en Brabant ... Aix, Duijsburch, le territoire de Cleue, Julliers" (Appendix 10).
160 Appendix 11.
161 Antwerp, van Havre Archive; *Génard, 1877*, p. 149-156; *De Bruyn, 2006*, p. 123-127.
162 Antwerp, van Havre Archive; *Génard, 1877*, p. 141-143; *De Bruyn, 2006*, p. 153-154.
163 Antwerp, Felixarchief (Genealogisch Fonds, inv. nr. GF 75); *Génard, 1877*, p. 144-145.
164 Antwerp, Felixarchief (Rekenkamer, nr. 2568); *Génard, 1877*, p. 186-187;
165 Antwerp, Felixarchief (Schepenregisters, 347, fol. 111-118); *Génard, 1877*, p. 157-174.
166 The Hague, Royal Archives (inv. no.11, XVI B 3-g 1, fol. 61-62, 75-77, 79v-80).
167 Wiesbaden, Staatsarchiv (Abt. 171 Nr. R 738, fol. 13).
168 The Hague, Royal Archives (inv. no. 11, XVI B 3-g 2, fol. 207); *Bakhuizen van den Brink, 1861*, p. 39-40; *Du Mortier, 1862*, p. 57; *Génard, 1877*, p. 177-178.
169 Keulen, Historisches Archiv (Best. 20, Briefbuch 97, fol. 67-68); *Ennen, 1861*, p. 74-76; *Du Mortier, 1861*, p. 74-76; *Génard, 1877*, p. 178-180; *Génard, 1882*, p.49-51; *Rooses, 1903*, p. 21-22.
170 The Hague, Royal Archives (inv. no. A 11, XVI B 3-g 2, fol. 208-209v); *Bakhuizen van den Brink, 1861*, p. 40-43, *du Mortier, 1862*, p. 58-60; *Génard, 1877*, p. 201-204; *Pletz, 1977*, p. 119.
171 The Hague, Royal Archives (inv. no. 11. XVIb 3g1 fol. 82-84v); *Bakhuizen van den Brink, 1853*, p. 167-168.
172 Antwerp, Felixarchief (Schepenregisters, 373, fol. 355v-356); *Verachter, 1840*, p. 37-38; *Génard, 1877*, p. 255-256.
173 Antwerp, Felixarchief (Schepenregisters, 377, fol. 315v-316); *Verachter, 1840*, p. 37-38; *Génard, 1877*, p. 257-259.
174 Antwerp, Felixarchief (Schepenregisters, 378, fol. 38); *Génard, 1877*, p. 259-260.
175 Brussels, Royal Library (Ms. 21740, fol. 23v-24 , 25v-26); *Merlo, 1850*, p. 353.

173 Antwerpen, Felixarchief (Schepenregisters, 377, fol. 315v-316); *Verachter, 1840*, p. 37-38; *Génard, 1877*, p. 257-259.
174 Antwerpen, Felixarchief (Schepenregisters, 378, fol. 38); *Génard, 1877*, p. 259-260.
175 Brussel, Koninklijke Bibliotheek (Ms. 21740, folio 23v-24 , 25v-26); *Merlo, 1850*, p. 353.
176 Köln, Historisches archiv (Best. 20, Briefbuch 20, fol. 125v); *Ennen, 1861*, p. 81.
177 Antwerpen, Felixarchief (Schepenregisters, 397, fol. 585); *Génard, 1877*, pp. 56-58; *Van den Branden, 1883*, p. 380; *Baudouin, 1991*, p. 137-139.
178 Antwerpen, Felixarchief (Privilegiekamer, nr. 677, fol. 141v); *Génard, 1877*, p. 333-334.
179 's-Hertogenbosch, Stadsarchief, OSA, nr. 5427; *Hezenmans, 1879*, p. 284-293; met dank aan E. van Berge Henegouwen.
180 Antwerpen, Archief van Havre; *Du Mortier, 1862*, p. 45-47, *Génard, 1877*, p. 368-371; *De Bruyn, 2006*, p.160-161.
181 Antwerpen, Felixarchief, Vierschaar, 154 XIII, 1609-1620, fol. 1.
182 Antwerpen, Archief van Havre; *De Bruyn, 2006*, p. 162-163.
183 *Brant, 1615*, p. 133, 141.
184 Antwerpen, Felixarchief (Notariaat, nr. 2707); *Génard, 1877*, p. 196; *Van den Branden, 1883*, p. 374; *Duverger, 1971*, p. 161-162.
185 Antwerpen, Rubenshuis, inv. nr. D.37; *Gachet, 1840*, p. 258-261; *Rooses-Ruelens, 1900*, p. 190; *Magurn*, 1955, p. 406, 506-507; *Baudouin, 1965*, p. 68, 71, afb.; *Vey, 1968*, p. 17-19; *Van de Velde, 2006*, p.167-168.
186 *Gelenius, 1645*, p. 407; *Verachter, 1840*, p. 43; *Büttner, 2006*, p. 18.
187 *Meyssens, 1649*.
188 *De Bie, 1661*, p. 55-56.
189 *de Monconys*, 1666, p. 115.
190 Filips Rubens, *Vita Petri Pauli Rubenii* (Brussel, Koninklijke Bibliotheek, ms. 21740, fol. 6-9).
191 *Papebrochius, [1700]*, IV, p. 401.

176 Köln, Historisches Archiv (Best. 20, Briefbuch 20, fol. 125v); *Ennen, 1861*, p. 81.
177 Antwerp, Felixarchief (Schepenregisters, 397, fol. 585); *Génard, 1877*, pp. 56-58; *Van den Branden, 1883*, p. 380; *Baudouin, 1991*, p. 137-139.
178 Antwerp, Felixarchief (Privilegiekamer, nr. 677, fol. 141v); *Génard, 1877*, p. 333-334.
179 's-Hertogenbosch, Stadsarchief, OSA, nr. 5427; *Hezenmans, 1879*, p. 284-293; met dank aan E. van Berge Henegouwen.
180 Antwerp, van Havre Archive; *Du Mortier, 1862*, p. 45-47, *Génard, 1877*, p. 368-371; *De Bruyn, 2006*, p. 160-161.
181 Antwerp, Felixarchief, Vierschaar, 154 XIII, 1609-1620, fol. 1.
182 Antwerp, van Havre Archive; *De Bruyn, 2006*, p. 162-163.
183 *Brant, 1615*, p. 133, 141.
184 Antwerp, Felixarchief (Notariaat, nr. 2707); *Génard, 1877*, p. 196; *Van den Branden, 1883*, p. 374; *Duverger, 1971*, p. 161-162.
185 Antwerp, Rubenshuis, inv. nr. D.37; *Gachet, 1840*, p. 258-261; *Rooses-Ruelens, 1900*, p. 190; *Magurn*, 1955, p. 406, 506-507; *Baudouin, 1965*, p. 68, 71, afb.; *Vey, 1968*, p. 17-19; *Van de Velde, 2006*, p.167-168.
186 *Gelenius, 1645*, p. 407; *Verachter, 1840*, p. 43; *Büttner, 2006*, p. 18.
187 *Meyssens, 1649*.
188 *De Bie, 1661*, p. 55-56.
189 *de Monconys*, 1666, p. 115.
190 Philip Rubens, *Vita Petri Pauli Rubenii* (Brussels, Royal Library, Ms. 21740, fol. 6-9).
191 *Papebrochius, [1700]*, IV, p. 401.

# BIBLIOGRAFIE


*Arents, 2001*
A. Thijs, ed., *De bibliotheek van Pieter Pauwel Rubens: een reconstructie door Prosper Arents*, Antwerpen, 2001.

*Baglione, 1642*
G. Baglione, *Le vite de' pittori, scultori et architetti dal pontificato di Gregorio XIII del 1572: in fino a' tempi di papa Urbano Ottavo nel 1642*, Roma, 1642.

*Bakhuizen van den Brink, 1853*
R.C. Bakhuizen van den Brink, *Het huwelijk van Willem van Oranje en Anna van Saxen, historisch-kritisch onderzocht*, Amsterdam, 1853.

*Bakhuizen van den Brink, 1861*
R.C. Bakhuizen van den Brink, *Les Rubens à Siegen; ma réponse à MM. le Dr. L. Ennen et B.C. du Mortier*, La Haye, 1861.

*Baldinucci, 1681*
F. Baldinucci, *Vocabolario toscano dell'arte del disegno*, Firenze, 1681.

*Barnes, De Poorter, Millar & Vey, 2004*
S. Barnes, N. De Poorter, O. Millar & H. Vey, *Van Dyck. A Complete Catalogue of the Paintings*, New Haven-London, 2004.

*Baudouin, 1965*
F. Baudouin, "Recente Aanwinsten van het Rubenshuis. II, *Antwerpen*, 1965, p. 66-71.

*Baudouin, 1990-91*
F. Baudouin, "Rubens' kinderjaren in Keulen en in Antwerpen", *Jaarboek Provinciale Commissie voor Geschiedenis en Volkskunde*, 1990-91, p. 133-159.

*Bellori, 1672*
G.P. Bellori, *Le vite de' pittori, scultori et architetti moderni*, Rome, 1672.

*Brant, 1615*
J. Brant, "Vita Philippi Rubenii", in: Ph. Rubens, *S.Asterii, episcopi Amaseae, Homiliae Graece et Latine nunc primum editae*, Antwerpen, 1615.

*Bullart, 1682*
I. Bullart, *Academie des sciences et des arts, contenant les vies & les éloges historiques des hommes illustres, qui ont excellé en ces professions depuis environ quatre siècles parmy diverses nations de l'Europe:* Amsterdam, 1682.

*Büttner, 2006*
N. Büttner, *Herr P.P. Rubens. Von der Kunst, berühmt zu werden*, Göttingen, 2006.

*Coremans, 1860*
A. Coremans, "Rubens est né à Cologne", *Revue d'histoire et d'archéologie de Bruxelles*, II, 1860, p. 376 391.

*Dambre, 1940*
O. Dambre, "Marginalia bij Maria Pypelinckx' Siegensche en Keulsche smeek-en troostbrieven (1581-1587)", *Dietsche Warande en Belfort*, 1940, p. 526-549.

*De Bie, 1662*
C. De Bie, *Het Gulden Cabinet vande Edel-vry Schilderconst*, Antwerpen, 1662.

*De Bruyn, 1988*
J.-P. De Bruyn, *Erasmus II Quellinus (1607-1678). De schilderijen met catalogue raisonné*, Freren, 1988.

*De Bruyn, 2006*
N. De Bruyn, *Peter Paul Rubens: een 'self-made' man? De familiale invloeden op het leven ende carrière van een Antwerpse schilder en diplomaat* (lic. verh., Universiteit Antwerpen, 2005-2006).

*De Landtsheer, 2005*
J. De Landtsheer, "Rubens (Rubenius), Filip (Philippus)" in: *Nationaal Biografisch Woordenboek*, XVII, Brussel, 2005, col. 546-551.

*de Monconys, 1666*
B. de Monconys, *Journal des Voyages de M. de Monconys*, II, Lyon, 1666.

*Depauw, 2002*
C. Depauw, "Anthony van Dyck. Part IV", in S. Turner, *The New Hollstein Dutch & Flemish Etchings, Engravings and Woodcuts 1450-1700*, Rotterdam, 2002.

*de Piles, 1677*
R. de Piles, *Conversations sur la connoissance de la peinture, et sur le jugement qu'on doit faire des tableaux. Où par occasion il est parlé de la vie de Rubens, et de quelques-uns de ses plus beaux ouvrages*, Paris, 1677.

*de Reiffenberg, 1837*
F.A.F.T. de Reiffenberg, "Nouvelles recherches sur Pierre-Paul Rubens, contenant une vie inédite de ce grand peintre." *Nouveaux mémoires de l'Académie Royale des Sciences et Belles-Lettres de Bruxelles,* X, p. 4-13, 1837.

*De Schepper, 2004*
M. De Schepper, [Cat. tent.] *Een hart voor boeken: Rubens en zijn bibliotheek* (Antwerpen, Museum Plantin-Moretus, 2004), Antwerpen, 2004.

*De Vos, 1994*
D. De Vos, *Hans Memling. Het volledige oeuvre*, Antwerpen, 1994.

*Dhanens, 1980*
E. Dhanens, *Hubert en Jan Van Eyck*, Antwerpen, 1980.

*d'Hulst, 1982*
R.-A. d'Hulst, *Jacob Jordaens*, Antwerpen, 1982.

*Douxchamps, 1977*
H. Douxchamps, ed., "Rubens et ses descendants", *Le Parchemin*, XXV, 1977, 1, p. 17-210.

*du Mortier, 1861*
B.C. du Mortier, *Recherches sur le lieu de naissance de Pierre-Paul Rubens*, Brussel, 1861.

*du Mortier, 1862*
B.C. du Mortier, *Nouvelles recherches sur le lieu de naissance de Pierre-Paul Rubens*, Brussel, 1862.

*Duverger, 1971*
E. Duverger, "Tapijten naar Rubens en Jordaens in het bezit van het Antwerps handelsvennootschap Fourment - Van Hecke", *Artes Textiles*, VII, 1971, p. 119-173.

*Duverger, 1984-2004*
E. Duverger, *Antwerpse kunstinventarissen uit de zeventiende eeuw*, I-XIV, Brussel, 1984-2004.

*Ennen, 1861*
L. Ennen, "Über den Geburtsort des P.P. Rubens", *Annalen des historischen Vereins für den Niederrhein*, IX-X, 1861, p. 216-236.

*Ertz, 1979*
K. Ertz, *Jan Brueghel der Ältere (1568-1625): die Gemälde mit kritischem Oeuvrekatalog*, Köln, 1979.

*Folie, 1996*
J. Folie, Gossaert, Jan, in. J. Turner ed. *The Dictionary of Art*, London, 1996, p. 22-29.

*Gachet, 1840*
E. Gachet, *Lettres inédites de Pierre Paul Rubens*, Bruxelles, 1840.

*Gachet, 1853*
E. Gachet, "Notice sur le lieu natal de Rubens", *Compte rendu des séances de la Commission royale d'Histoire*, 2, V, 1853, p. 285-298.

*Gelenius, 1645*
A. Gelenius, *De admiranda sacra et civili magnitudine Coloniae Claudiae Agrippinensis Augustae Ubiorum urbis Libri IV*, Keulen, 1645.

*Génard, 1877*
P. Génard, *P.P. Rubens. Aanteekeningen over den grooten meester en zijne bloedverwanten*, Antwerpen, 1877.

*Génard, 1882*
P. Génard, "L'acte de Cologne du 26 avril 1577 et la lettre de Philippe de Marnix du 18 mai de la même année", *Rubens-Bulletijn*; I, 1882, p. 47-58.

*Génard, 1896*
P. Génard, *"La première épitaphe de Rubens: une question d'histoire"*, *Rubens-Bulletijn*, IV, 1896, p. 260-270.

*Gerlo & De Smet, 1992*
A. Gerlo en R. De Smet, *Marnixi Epistulae, De briefwisseling van Marnix van Sint-Aldegonde: een kritische uitgave. Pars II (1577-1578)*, Brussel, 1992.

*Gerrits, 1977*
T. Gerrits, "De grafkelder van Rubens, relaas van de opening in 1974", *Gens Brabantica*, VIII, 1977, p. 18-28.

*Goole, 1977*
F. Goole, "Raadsels rond Rubens", *Vlaamse Stam*, XIII, 1977, Jg. 13, nr. 4-5, p. 191-205.

*Hezenmans, 1879*
J.C.A. Hezenmans, "De Geboorte- en de Doopplaats van Petrus Paulus Rubens", *Dietsche Warande*, II, 1879, p. 284-293.

*Hoc, 1922*
M. Hoc, *Étude sur J.-G. Gevaerts*, Bruxelles, 1922.

*Hollstein, s.d.*
F. Hollstein, *Hollstein's Dutch and Flemish etchings, engravings and woodcuts ca. 1450-1700: IX: Heer-Kuyl, Amsterdam, s.d.*

*Hollstein, 1954*
F. Hollstein,*Hollstein's Dutch and Flemish etchings, engravings and woodcuts ca. 1450-1700: X: L'admiral-Lucas van Leyden*, Amsterdam, 1954.

*Hollstein, 1956*
F. Hollstein,*Hollstein's Dutch and Flemish etchings, engravings and woodcuts ca. 1450-1700: XIV: Meer-Ossenbeeck*, Amsterdam, 1956.

*Houbraken, 1718*
A. Houbraken, *De groote schouburgh der Nederlantsche konstschilders en schilderessen,* Amsterdam, 1718.

*Kruse, 1927*
H. Kruse, "Peter Paul Rubens und Siegen", *Siegerland*, IX, 1927, p. 32-38.

*Kruse, 1934*
H. Kruse, "Wilhelm von Oranien und Anna von Sachsen, eine fürstliche Ehetragödie des 16. Jahrhunderts", *Nassauische Annalen*, XXXIV, 1934, p. 1-134.

*Kruse, 1940*
H. Kruse, "Peter Paul Rubens und Siegen", *Siegerland*, IX, 1940, Heft 1, p. 2-10.

*Laenens, 1977*
Ch. Laenens, in [Cat. tent.] *Juristen en rechtsleven ten tijde van Rubens* (Antwerpen, Gerechtsgebouw), Antwerpen, 1977, p. 81-306.

*Lawrence, 1986*
C. Lawrence, "Ulrich Söding, Das Grabbild des Peter Paul Rubens in der Jakobskirche zu Antwerpen", *Simiolus*, XVIII, 1988, p. 73-76.

*Le Comte, 1699*
F. Le Comte, *Cabinet des singularitez d'architecture, peinture, sculpture et graveure: ou: introduction à la connoissance des plus beaux arts, figurés sous les tableaux, les statues, & les estampes,* Paris, 1699-1700.

*Lemmens, 1971*
G. Lemmens, "Introduction", in C. De Bie, *Het Gulden Cabinet vande Edelvry Schilder Const (Lier, 1661)*, Soest, 1971.

*Löcher, 1977*
K. Löcher, "Die Familie Rubens in Köln und Siegen", in [Cat. tent.] *Peter Paul Rubens 1577-1640* (Köln, Kunsthalle), Köln, 1977, p. 1-11.

*Maes, 1977*
Th. Maes, in [Cat. tent.] *Juristen en rechtsleven ten tijde van Rubens* (Antwerpen, Gerechtsgebouw), Antwerpen, 1977, p. 15-80.

*Magurn, 1955*
*R.* S. Magurn, *The letters of Peter Paul Rubens,* Cambridge, Mass., 1955.
*Mantellius, 1663*
*Hasseletum*, Leuven, 1663.

*Marijnissen & Van Liefferinge, 1968*
R. Marijnissen & H. Van Liefferinge, "Rubens' Madonna met Heiligen in de St. Jacobskerk te Antwerpen", *Jaarboek Koninklijk Museum voor Schone Kunsten Antwerpen*, 1968, p. 131-156.

*McGrath, 1997*
*E. McGrath, "*Subjects from History" (*Corpus Rubenianum Ludwig Burchard*, XIII), London, 1997.

*Merlo, 1850*
J. Merlo, *Nachrichten von dem Leben und den Werken Kölnischer Künstler,* Köln, 1850.

*Meyssens, 1649*
J. Meyssens, *Image de divers hommes d'esprit sublime*, Antwerpen, 1649.

*Moréri, 1674*
L. Moréri, *Le Grand Dictionnaire historique, ou mélange curieux de l'histoire sacrée et profane*, Lyon, 1674.

*Neumeister, 2006*
M. Neumeister, *Alte Pinakothek: Flämische Malerei, München, Bayerische Staatsgemäldesammlungen*, München, 2006.

*Papebrochius, [1700]*
F.H. Mertens & E. Buschmann, eds., *Annales Antverpienses ... auctore Daniele Papebrochio S.I.*, Antwerpen, 1847.

*Pletz, 1977*
H.-J. Pletz, "Rubens und Pypelinck. Ein Beitrag zur Schreibweise dieser Namen", *Siegerland*, LIV, Heft 3-4, 1977, p.117-121.

*Raupp, 1984.*
H.-J. Raupp, *Untersuchungen zu Künstlerbildnis und Künstlerdarstellung in den Niederlanden im 17. Jahrhundert*, Hildesheim-Zürich-New York, 1984.

*Renger & Denk, 2002*
K. Renger & C. Denk, *Flämische Malerei des Barock in der Alten Pinakothek*, München, 2002.

*Riegel, 1882*
*H. Riegel, Beiträge zur niederländischen Kunstgeschichte: I-II, Berlin, 1882.*

*Rombaut & Tijs, 2011*
H. Rombaut & R. Tijs, "Rubens, Pieter Paul, kunstschilder en diplomaat", *Nationaal Biografisch Woordenboek*, XX, 2011, col. 727-832.

*Rooses, 1903*
M. Rooses, *Rubens' Leven en Werken*, Amsterdam-Antwerpen-Gent, 1903.

*Rooses, 1908-10*
M. Rooses, "Rubens, Philippe ", in: *Biographie nationale*, XX, Bruxelles, 1908-1910, col. 317-378.

*Rooses & Ruelens, 1887-1909.*
M. Rooses & C. Ruelens, *Correspondance de Rubens et documents épistolaires concernant sa vie et ses œuvres*, I-VI, Anvers, 1887-1909.

*Ruelens, 1882*
C. Ruelens, "'Beiträge zur niederländischen Kunstgeschichte von Herman Riegel", *Rubens-Bulletijn*, I, 1882, p. 247-252.

*Ruelens, 1883*
C. Ruelens, "La vie de Rubens par Roger de Piles", *Rubens-Bulletijn*, II, 1883, p. 157-175.

*Sacré, 2004*
D. Sacré, "Grotiana: Iohannes Havraeus, Iohannes Hemelaers, Iustus Rycquius, and Hugo Grotius", *Humanistica Lovaniensia*, LIII, 2004, p. 371-379.

*Sandrart, 1675*
J. von Sandrart, *Teutsche Academie der Bau-, Bild- und Mahlerey-Künste*, Nürnberg, 1675.

*Schmitt, 2009*
J-C. Schmitt, *L'invention de l'anniversaire*, s.l., 2009.

*Söding, 1986*
U. Söding, *Das Grabbild des Peter Paul Rubens in der Jakobskirche zu Antwerpen*, Hildesheim-Zürich-New York, 1986.

*Sparti, 2012*
D. Sparti, "Bellori's biography of Rubens: an assessment of its reliability and sources", *Simiolus*, XXXVI, 2012, p. 85-102.

*Spiess, 1869*
A. Spiess, "Mittheilungen über die Familie Rubens", *Annalen des historischen Vereins für den Niederrhein*, XX, 1869, p. 1-67.

*Suida, 1933*
W. Suida, *Tizian*, Zürich, 1933.

*Tijs, 2004*
R. Tijs, *De andere Rubens*, Leuven, 2004.

*Van den Branden, 1883*
F.J. Van den Branden, *Geschiedenis der Antwerpsche Schilderschool*, Antwerpen, 1883.

*Van der Linde, 2009*
S. Van der Linde, *Jean Taffin, Hofprediker en raadsheer van Willem van Oranje*, Middelburg, 2009.

*Van de Velde, Van Balen, 1996*
C. Van de Velde, "Balen, Hendrik van", in: J. Turner, ed., *The Dictionary of Art*, III, London, 1996, p. 107-108.

*Van de Velde, Van Veen, 1996*
C. Van de Velde, "Veen, Otto van", in: J. Turner ed., *The Dictionary of Art*, XXXII, London, 1996, p. 114-116.

*Van de Velde, 2006*
C. Van de Velde, "Rubens' brieven in het Nederlands", in K. Van der Stighelen (ed.), *Munuscula Amicorum. Contributions on Rubens and his colleagues in honour of Hans Vlieghe*, Turnhout, 2006, I, p. 147-185.

*Van de Velde, 2012*
C. Van de Velde, "The birthplace of Rubens", *The Rubenianum Quarterly*, 2012, 2, p. 1, 3-4.

*vande Weghe, 1977*
R. vande Weghe, *Geschiedenis van de Antwerpse straatnamen,* Antwerpen, 1977.

*Van Herck, 1927*
J. Van Herck, *De Rubenskapel in de Sint Jacobskerk te Antwerpen. Historisch-Archaeologische Studie*, Antwerpen, 1927.

*Van Roosbroeck, Pijpelinckx, 1981*
R. Van Roosbroeck, "Pijpelinckx, (Pepelin), Maria", in: *Nationaal Biografisch Woordenboek*, IX, Brussel, 1981, col. 610-615.

*Van Roosbroeck, Rubens, 1981*
R. Van Roosbroeck, "Rubens, Jan", in: *Nationaal Biografisch Woordenboek*, IX, Brussel, 1981, col. 663-669.

*Veldman & De Hoop Scheffer, 1976*
I. Veldman en D. De Hoop Scheffer, *Hollstein's Dutch and Flemish etchings, engravings and woodcuts ca. 1450-1700: XVII: Andries Pauli (Pauwels) to Johannes Rem*, Amsterdam, 1976.

*Verachter, 1840*
F. Verachter, *Généalogie de Pierre Paul Rubens et de sa famille,* Anvers, 1840.

*Verachter, 1843*
F. Verachter, *Le tombeau de Rubens,* Anvers, 1843.

*Vercammen, 1977*
L. Vercammen, "De familie Rubens te Nispen", *De Spycker*, XXXIV, 1977, p. 1-20.

*Vey, 1969*
H. Vey, "Zeugnisse der Rubens-Verehrung in Köln während des 19. Jahrhunderts", *Wallraf-Richartz-Jahrbuch*, XXXI, 1969, p. 95-134.

*von Simson, 1983*
O. von Simson, "Das letzte Altarbild von Peter Paul Rubens", *Zeitschrift des Deutschen Vereins für Kunstwissenschaft*, XXXVII, 1983, p. 61-72.

*White, 1987*
C. White, *Peter Paul Rubens. Man and Artist*, New Haven-London, 1987.

## FOTOVERANTWOORDING
## SOURCES OF PHOTOGRAPHS

Antwerpen, Familiearchief Van Havre: Afb. / Figs. 28, 29
Antwerpen, Koninklijk Museum voor Schone Kunsten: Afb. / Figs. 3, 15
Antwerpen, Prentenkabinet (foto Peter Maes): Afb. / Figs. 1, 5, 6, 7
Antwerpen, Rubenianum: Afb. / Fig. 18
Antwerpen, Rubenshuis: Afb. / Figs. 2, 26, 27
Antwerpen, Sint-Jacobskerk (foto Peter Maes): Afb. / Fig. 14
Antwerpen, Felixarchief: Afb. / Figs. 16, 23, 30, 31
Brussel, Copyright IRPA-KIK: Afb. / Figs. 12, 13
Brussel, Koninklijke Bibliotheek: Afb. / Figs. 10, 11
Den Haag, Koninklijk Huisarchief: Afb. / Figs. 19-21, 24-25
London, British Museum: Afb. / Fig. 17
München, Bayerische Staatsgemäldesammlungen
(Berlin, Bildarchiv Preussischer Kunstbezit): Afb. / Figs. 8-9
Neuburg, Staatsgalerie (Berlin, Bildarchiv Preussischer Kunstbezit): Afb. / Fig. 4
Wiesbaden, Hessisches Hauptstaatsarchiv: Afb. / Fig. 22

## COLOFON
## COLOPHON

### AUTEURS / AUTHORS
Carl Van de Velde & Prisca Valkeneers

### VORMGEVING / GRAPHIC DESIGN
GBL Graphics and Communication



Gedrukt in de Europese Unie / Printed in the European Union

Wettelijk depot / Legal deposit: D/2013/0012/42
ISBN: 978-94-6161-098-0